U0009104

42.195公里的
夢想追逐

—— 關於奧運馬拉松的
熱血故事

作者｜詹鈞智

目次

Let's Keep Running！

馬拉松曾經是一項戰地任務；

馬拉松是一項奧運的競賽項目；

馬拉松是一種生活態度；

馬拉松是一種生活方式；

馬拉松是一門哲學。

與阿智認識多年，一起跑過許多賽道，看著他從在台灣大學田徑場上馳騁的選手、持續鍛練自己征戰世界各大馬拉松；此外，在好奇心與運動精神熱情驅使下，二十多年來多次參與奧運會志工服務，並將自己擔任國際體育志工所獲得的寶貴經驗在台灣組織體育志工協會，出錢、出力、出時間成為台灣運動界爭取國際賽事在台灣舉辦時最堅強的後盾，充分展現「參與」的奧林匹克精神。

以他豐富的經歷，本書當然不是阿智寫的第一本書，建議大家可以閱讀其他幾本他的作品，將會更瞭解奧運場上的趣事。在本書，讀者絕對可以有身入其境的感覺，完整瞭解馬拉松的點點滴滴，感受到「馬拉松」如何成為一門哲學。

讓我們一起向前跑，Keep Running！

中華台北奧會執行委員、中華民國滑雪協會理事長
林廷芳

成績變得有溫度，數據不再冰冷

　　這幾年來為了建構跑步的科學化訓練框架並優化 RQ 的跑力數值，我研究了各種不同距離世界紀錄的演進規律，馬拉松的紀錄當然也在研究之列。但我只研究世界紀錄，並沒有研究過奧運的馬拉松紀錄，原因無他，因為奧運的紀錄比世界紀錄慢很多，所以沒有研究之必要，但讀了這本書才知道是我自己太魯莽了。

　　過去我單純認為因為奧運辦在夏季，所以很難跑出好成績，但讀了這本書我才知道也跟選手的心態有關。想要破紀錄，需要有冒險的精神，尤其是想衝擊世界紀錄的人，絕不能太保守。但參加奧運馬拉松的選手是代表國家出賽，他們的心情不是為了破個人最佳成績，而是以拿牌為國爭光為目標，再加上天氣較熱，所以選手大都會跑得比較保守。

　　本書中描述多屆馬拉松賽況，讀來讓人如臨賽場，像是在看文字轉播。其中最令我印象深刻的是阿貝貝・比基拉（Abebe Bikila）的奧運經歷。很早就聽說過了阿貝貝打赤腳奪得羅馬奧運馬拉松冠軍的故事，也看過紀錄片，然而，在本書作者的引領下，一屆一屆從一八九六年首屆現代奧運馬拉松賽況讀下來，到了一九六〇年羅馬奧運，默默無名的阿貝貝打赤腳站在起跑線上，跟幾位當時世界知名的跑者一起跑在領先集團，最後竟赤腳突圍，以第一名之姿跑進終點。透過這本書我才了解到，當年羅馬奧運的起跑時間很晚，直到下午五點半才出發，選手要跑到天黑，因此阿貝

貝才能赤腳跑完，如果在大白天，在滾燙的大馬路上很難赤腳跑。

選手是否能奪得奧運獎牌，除了要有實力，也要有運氣。運氣好時順風順水看不出來困難，但從書中可以看到許多運氣不佳的選手，有的被觀眾擋住，有的因為賽道多規劃了幾百公尺致使他錯失金牌，有的因為天氣太熱無法發揮實力，有的被教練臨時換鞋而失常，有的因政治和戰爭因素無法出賽。奧運會四年一次，錯過一次就老了四歲，又出了新一代的年輕選手，競爭力就差很多。這百年歷史讀下來，對此有更深刻的認識。

從這本書中還讀到許多令我驚訝的事情。過去我從來不知道，原來有不少選手的初馬就是奧運，甚至有人在初馬就奪得奧運金牌，還不只一次，竟有四次的馬拉松奧運金牌由初馬跑者奪得。這些跑者真是初生之犢不畏虎的具體表現。

最令我訝異的國家是韓國，他們派出的馬拉松跑者連兩屆站上奧運頒獎台。若以男子馬拉松的奧運獎牌數來看，韓國竟比日本強。雖然日本的整體長跑實力可以在全世界排名第三，日本男子跑者也曾五次取得世界紀錄保持者的頭銜，但在奧運男子馬拉松項目上，韓國取得二金、一銀、一銅，日本從未獲得金牌，只有二銀一銅。就這兩項成就，韓國的奧運馬拉松成績，確實是亞洲之最。（註：此段將一九三六柏林奧運代表日本出賽、奪得金銅牌的朝鮮選手孫基禎、南昇龍，改列為韓國之得牌數）

透過這本書我才知道，馬拉松的世界紀錄保持者好像很難得到奧運金牌，以日本為例，過去曾經有五位馬拉松世界紀錄保持人，但他們從來沒有在奧運中得過金牌。剛打破世界紀錄的基普喬蓋（Kipchoge），在二〇二一年東京奧運，以世界紀錄保持者的

身份再奪得一面奧運金牌，原來這麼難得。過去只有三位現役的世界紀錄保持人（一九三六年的孫基禎、一九六四年的阿貝貝和二○二一年的基普喬蓋）做到過。

從歷史定位來看，孫基禎可與阿貝貝和基普喬蓋比肩。當我讀到韓國選手黃永祚在一九九二年巴塞隆納奧運奪得馬拉松冠軍時，我對孫基禎更加佩服了，因為他不只自己拿到奧運金牌，也能把教練工作做到極致，為自己的國家再訓練出另外一位馬拉松奧運金牌選手。

早期做研究時我都只看數據，自以為這樣最客觀，但後來發現有時數據只能看到表象，過多的數據反而會掩蓋事物的本質。《42.195公里的夢想追逐：關於奧運馬拉松的熱血故事》提供了另一種視角，使我認識到數據背後這些有血有肉的真實人物，以及一段又一段跟奧運馬拉松有關的歷史與典故。讀著讀著，成績變得有溫度，數據不再冰冷。

很感謝阿智教練花這麼多時間研究並寫出馬拉松的奧運歷史。如果你有在跑馬拉松，也曾被去年東京奧運會上台灣選手優異的表現與緊張的賽事所吸引，那你一定也會喜歡從一八九六開始這三十二屆奧運的馬拉松故事。

KFCS 總教練
徐國峰

透過馬拉松運動讓世界更美好

　　第一次認識阿智哥，是聆聽他講演分享「追著奧運看世界，透過擔任體育志工來豐富人生、讓生活更美好的故事」，後來有幸在長跑扶輪社共事，有更多的機會了解阿智，不只是國際體育運動志工交流協會理事長、體育志工管理顧問、奧林匹克教育講師，更是運動教室負責人、物業管理人、作家、收藏家等，是位多才多藝的「超級斜槓青年」！

　　除了有超級斜槓的人生，他也是台灣素人參加馬拉松的始祖之一，初馬在一九九七年大四時期，當時阿智也沒什特別訓練，只是單純想知道從一百公尺到馬拉松，每個距離能跑多快，最後在三十五公里處撞牆，但靠著年輕與體能，以三小時四十八分完賽，完成初馬就破四的驚人成績。二〇一三年台灣路跑熱剛起飛，他再度復出準備好好跑場馬拉松；二〇一五年更因跑出興趣，開始接觸跑步訓練與教學的課程。除自我的練習之外，這些年阿智也規劃一些跑步相關課程，服務新竹地區的跑友（包含跑班與每月五千公尺檢測）。

　　阿智在求學的時候也是人生勝利組，大學念的是台灣頂級學府——台大化工系，也是田徑隊隊員，因從小喜歡運動，夢想一直是去奧運，因緣際會在二〇〇四年雅典奧運以志工身分圓夢，自此改變一生，從工程師轉行進入運動休閒產業，開啟「追著奧運看世界」的奧運志工人生，目前阿智已經擔任過雅典、里約兩屆奧運會

志工。

　　阿智之前出過兩本書《奧運不買票》、《追著奧運看世界》，內容是關於他去雅典、北京、倫敦奧運的所見所聞；阿智寫的第三本書，主題是關於奧運馬拉松故事，他不是用華麗詞彙或高超寫作技巧，而是從各方收集奧運馬拉松的珍貴故事為基礎，自一八九六年第一屆雅典馬拉松開始，依照時間順序來介紹各屆奧運馬拉松故事。

　　閱讀這本書，我了解雅典奧運對馬拉松比賽的起源靈感；當年帶隊前往希臘雅典參加的美國教練，將這個概念帶回美國，一八九七年開始在美國東部麻州辦馬拉松賽事，這場馬拉松就是著名的波士頓馬拉松，也是世界上所有跑者的「麥加聖地」；一九〇八年倫敦奧運馬拉松，是標準馬拉松42.195公里的由來，也是六大馬拉松中，最難抽中的賽事──倫敦馬拉松的起源；一九一二年斯德哥爾摩奧運馬拉松，是首度有亞洲選手日本金栗四三參賽的賽事，金栗四三後來被尊稱為日本馬拉松之父，也創辦了知名的箱根驛傳賽事；同時也紀錄了在一九二八年阿姆斯特丹奧運，首位非洲出生的馬拉松冠軍；更記錄了第一位參加奧運馬拉松的中國選手與台灣選手，這些資料都非常珍貴。

　　奧運馬拉松的歷史，與近百年來世界馬拉松的發展史息息相關，緊緊相扣，如果您想要更了解有關馬拉松的歷史，非常值得詳細閱讀阿智寫的這本書。

耕薪建設董事長、耕跑團團長
黃張維

逝者如斯，而未嘗往也

日本長野縣霧之峰海拔一六四○公尺，山腳下諏訪湖的水氣乘著夏季高壓氣流，在一九四縣道的維納斯公路上披上一層薄紗般的白霧，在最後幾公里的連續緩上坡路段，我喘著氣、擺動著手臂，讓缺氧無力的大腿盡最大努力的向前擺動。突然間，在白霧中我眼前似乎有三位理著平頭，身穿白色上衣與白色短褲的跑者，也是扭曲著身體奮力奔跑著。我雙手拍了拍自己的臉頰，是缺氧產生的幻覺嗎？我的直覺充斥在我的大腦中，難道前面三位跑者是円谷幸吉、君原健二、寺沢徹？在驚訝之餘讓我腎上腺素暴發，我拼命地向前追趕，只要我追得上也能去奧運，不知哪裡來的大膽想法，彷彿是他們在迷濛中的背影告訴我的。

我最喜歡此書前言開頭的第一段話：「你不認識它的過去，就無法理解它的現在；而當你理解它的現在，就能懂得欣賞與享受它的未來。」作者是一位追著奧運跑的馬拉松跑者，但他已經不只是單純地跑馬拉松，而是把馬拉松當作美酒來品味，如果你不了解一道料理的製作過程或是一瓶威士忌的歷史，你始終無法理解它為何讓眾人瘋狂著迷，也許你會認為，不了解馬拉松歷史也可以享受跑步帶來的腦內啡快感，但你如果了解馬拉松的歷史，而你的靈魂會跑得更有層次與豐富。這也就是為什麼，我開頭寫下在日本長野高原移地訓練時的幻想，對我來說是如此的真實不虛。因為我知道在一九六四年時這三位日本選手在此地集訓，而後円谷幸吉在

一九六四年東京奧運田徑馬拉松項目上獲得銅牌，是「純日本人」在奧運馬拉松賽事上得到的第一面獎牌。

本書從奧運馬拉松談起，但也談到箱根驛傳與波士頓馬拉松，這兩場眾跑者皆知的經典賽事，而這兩場起源也都跟奧運馬拉松相關，雖然首屆只有五個國家、十七位選手出賽，但小小石頭卻激起無比大的漣漪。有趣的是，這波漣漪也衝擊著奧運本身。自一九七二年波士頓馬拉松開放女性報名，才影響了一九八四年洛杉磯奧運馬拉松出現女性選手。過去專家們認為女性無法跑完馬拉松，甚至造成子宮脫垂，直到女性跑者的奮鬥下打破了思想上的圍籬，在書中更有無數的真實歷史，述說人們的愚蠢無知，在不斷的失敗過程中慢慢找到出路、邁向進步的軌跡，如果你現在正陷入某個思想泥沼或是鑽牛角尖中，建議可以靜靜地閱讀這本奧運馬拉松故事，它會告訴你奧運曾經的框架有多可笑，正如現在的我們自己。

現正在中國易居進行馬拉松訓練時寫推薦文的我，已經三十九歲。被外界貼滿了老將、高齡的標籤，如同十九世紀專家們為女性貼的標籤，而在女性跑者堅持的步伐下，粉碎了這些標籤。我看著奧運在戰爭、政治與恐怖攻擊中堅持向前，在一頁頁閱讀著奧運與運動員間的進步，也撕下我身上一張張的標籤。

台北長跑扶輪社創社社長
張嘉哲

Foreword

前言

你不認識它的過去，就無法理解它的現在；而當你理解它的現在，就能懂得欣賞與享受它的未來。

每位跑者身邊總會有一種朋友，永遠無法理解為何要在假日清晨起個大早，花錢與一群人在路上持續跑上幾個小時，累個半死地在時限內抵達終點，就為了最後領個紀念獎牌。

躺在床上睡飽一點不好嗎？這些人是吃飽太閒嗎？

跑者遇上這類親朋好友的質疑，確實很難解釋；然而，這麼無聊又沒效率的事情，如今卻有越來越多人如上癮般地，一場接一場，還越跑越遠、越快。

馬拉松成為全民運動，大約是從二〇一三年後才快速成長的，在此之前台灣的馬拉松比賽，一年通常不超過十場，每場參與全馬的總人數就是幾百人，這樣的狀況維持了數十年。直到網路社群分享軟體與 GPS 手錶定位的技術成熟且普及，原本很個人、獨立、枯燥的跑步運動，透過 GPS 的精準記錄、資料串接、上傳社群分享，突然間慢跑變成一種流行與生活時尚，跑友間彼此互相激勵，並傳達跑步帶來的暢快，這應是百年前首位提議舉辦馬拉松比賽的人所沒想到的。

馬拉松是所有運動賽事中，極具歷史、魅力、參與廣度，且難以預測結果的，邀請你跟著這本書，一起來馬拉松吧！

Chapter 1

從馬拉松跑到雅典

1

馬拉松比賽的起源

　　人們常有一個錯覺，認為馬拉松似乎是個很古老、發展很長久的運動項目，但相較於網球、棒球等十八世紀或十九世紀中葉就存在的運動，人類史上第一場馬拉松賽事，其實要晚得多。會有這樣的印象，起因於馬拉松賽事的靈感，是源自西元前四九〇年古希臘時期的馬拉松戰役（Marathon 是位於雅典東北方的一個地名）。戰爭結果，是古希臘城邦聯軍擊敗了波斯帝國。希臘軍隊的偵查傳令兵菲迪皮德斯（Pheidippides），不久前才用雙腳從雅典跑到斯巴達求援返回（單程距離為二四六公里）；這次又接到任務，要從馬拉松跑到雅典；他一方面是帶著勝利訊息回報佳音，另一方面也是要及時提醒守軍，得注意可能改由海路進攻的波斯軍。他跑了大約四十公里抵達雅典，高喊「我們勝利了」，之後可能因連日奔跑過度勞累而死。

　　這個傳說是很古老沒錯，但史上第一場正式馬拉松運動賽事，是在馬拉松戰役之後兩千四百年，也就是西元一八九六年，在雅典舉辦的首屆現代奧運會上，距今也不過一百二十多年的時間。

　　十九世紀末，法國教育家皮埃爾・德・古柏坦（一八六三～一九三七），受到古奧林匹克運動會（Ancient Olympic）精神所啟

發，決心要復興奧林匹克運動，之後他被尊稱為現代奧林匹克之父。

為避免混淆，我們通常將西元前七七六～西元三九三年為止的奧運會，稱為「古奧林匹克運動會」（Ancient Olympic）；一八九六年起由古柏坦復興的奧運會，稱為「現代奧林匹克運動會」（Modern Olympic）。

一八九四年古柏坦在巴黎舉辦了國際體育會議，會中討論首屆奧運會的舉辦地，最終由奧運發源國希臘勝出，雅典成為第一屆現代奧運會的預定地，並依循古奧運會舉辦的頻率，每四年一次。有一說當時本想要在古柏坦的出生地巴黎舉辦首屆奧運，後來才決議改到發源地希臘，第二屆再到巴黎。

一開始希臘政府並不是很高興擁有這樣的機會，因為他們得籌錢建造比賽場地；幸好在希臘商人也是慈善家的 George Averoff 支助下，解決了資金問題。

然而首屆奧運閉幕時，希臘國王喬治（King George）看出這項運動賽會的潛力，反倒向國際奧會提議：是不是未來奧運會都可以在希臘舉辦！可惜當時已決定四年後，一九〇〇年奧運要在巴黎舉辦；而這一個錯過，要直到超過百年後的二〇〇四年，奧運會才重返希臘雅典。

首屆現代奧林匹克運動會決定在一八九六年於希臘雅典復興，但要舉辦那些賽事呢？

由於許多古奧運會的競賽項目（如戰車競賽、武裝賽跑等）已不合時宜。這時古柏坦的好友法國哲學、語言學家 Michel Bréal

提議，何不在首屆奧運會，舉辦一場名為「馬拉松」的長距離跑步賽事，一方面呼應古希臘士兵菲迪皮德斯的事蹟，向歷史致敬；另一方面也能成為這屆奧運極具地方特色的賽事；且他願意贊助這項比賽的獎勵品。

這項提議立刻被接受。（古奧林匹克運動會沒有類似馬拉松之類的長跑競賽。）

首屆現代奧運會的所有運動賽事，雖只有十四國共約三百名運動員參加，但相隔千年後復興舉辦的奧運會，已升級成為國際級的跨國比賽，不同於古奧林匹克運動會，是以帝國內、城邦間的競技活動為主的運動活動。

2

世界首場馬拉松賽事

一八九六年雅典奧運馬拉松賽事，是首場馬拉松國際賽。在此之前希臘曾舉辦國內選拔賽，僅有本國人參加。

當時有二十五名選手來到起點，但只有十七名選手出賽，分別來自五個國家，包含十三名希臘人，與匈牙利、澳洲、法國、美國選手各一名，最終十人完賽（其中一人遭取消資格）；四名外國選手中，只有匈牙利選手跑到終點。

百年前人類世界的初馬發生了甚麼事，完賽率低，四十公里的比賽真是人類可以負荷的嗎？誰拿到第一？又是誰遭到取消資格，讓我們繼續看下去。

比賽實況

比賽開始，起跑才一點五公里，法國選手 Albin Lermusiaux 就取得領先，在前二十公里時他都跑在最前方；但下午進行的賽事，天氣炎熱，加上崎嶇且塵土飛揚的道路，開始讓參賽者吃不消；陸續有人感到不舒服而退賽。半程時，希臘選手 Spyros Louis 排在第六位，落在法國 Albin Lermusiaux、澳洲選手 Teddy Flack、

比賽日期	1896 年 4 月 10 日 14:00
比賽路線	從馬拉松村出發，終點為雅典 Panathenaic Stadium。
比賽距離	約 40 公里
比賽結果	

名次	選手姓名	國籍	比賽成績
1	Spyros Louis	希臘	2:58:50
2	Kharilaos Vasilakos	希臘	3:06:03
3	Gyula Kellner	匈牙利	3:09:35

美國選手 Arthur Blake、匈牙利選手 Gyula Kellner、希臘選手 Georgios Lavrentis 之後。

　　美國 Blake 在二十三公里處決定棄賽；地主國希臘賽前最被看好的 Kharilaos Vasilakos 則從後方來到第三位。接下來的路段，領先者法國 Lermusiaux 開始顯露疲態，澳洲 Teddy Flack 趁機超前取而代之；三十二公里時，Lermusiaux 決定放棄退出，希臘 Louis 則繼續向前追上澳洲 Flack，一起並肩跑了五公里；直到接近雅典市郊時，Louis 擺脫了 Flack，而 Flack 竟也因體力不支，在終點前三公里退出比賽。此時外國選手僅剩匈牙利 Kellner 還在賽道上。

　　許多民眾騎著單車或馬匹湧向了終點 Panathenaic 體育場；Louis 暫居領先的消息也傳到場內，大家高喊著「希臘，希

臘！」準備迎接這首位奧運馬拉松賽冠軍。最後 Louis 花了兩小時五十八分五十秒抵達（距離約為四十公里）；第二名也是來自希臘的 Vasilakos，成績三小時六分零三秒；第三位到達的仍是希臘選手 Spyridon Belokas，成績三小時六分三十秒；原以為首屆馬拉松賽事，前三名皆由地主選手拿下，但第四位回來的匈牙利選手 Kellner 立刻向大會抗議，比他早抵達的 Belokas，其在中途聲稱要退賽，但搭乘馬車一小段後，又回到賽場；經確認屬實後，Belokas 被取消資格；第三名由 Kellner 遞補（成績三小時九分三十五秒）。

當時的奧運冠軍並不是頒發金牌，第一名頒給的是「銀製」獎牌，第二名則給「銅製」牌，另外還有證書與橄欖枝花冠，第三名則沒有頒發獎牌。

有些競賽項目除了獎牌外還有特別獎，馬拉松就是其中之一；冠軍 Louis 額外獲得兩個銀杯與一個古董花瓶；其中一個銀杯來自希臘喬治國王，另一個則是由發想舉辦馬拉松賽事的 Bréal 贊助提供；後者提供的銀杯上，裝飾著鳥與植物的浮雕，這是古希臘時期就存在於馬拉松地區的動植物；這個銀杯後來也被命名為「Bréal's Cup」。

拿下首屆奧運馬拉松冠軍 Spyros Louis，出生貧窮農莊，在參加奧運前是位退役軍人，父親在雅典販售礦泉水，Louis 會協助運送。他受到前長官鼓舞，報名參加奧運馬拉松選拔，以第五名成績獲准參加奧運會。奧運會獲優勝後，成為國家英雄；賽後他回到家鄉，沒有再繼續訓練與比賽，在農村從事農務與擔任警察；後來

還曾因偽造罪坐牢，關了一年才被釋放。

二〇〇四年雅典奧運的主會場 The Olympic Stadium of Athens，就位在 Spyros Louis 的家鄉—Maroussi，而這個體育場也被命名為「Spyros Louis」。

據說當時有位女性 Stamata Revithi 嘗試報名參賽，但被大會拒絕；那時奧運會的參賽規則是將女性排除在外；主要原因有二，一是維多利亞時期（一八三七～一九〇一），女性被認為不如男性，在運動賽場上更是；另一原因則是古奧林匹克運動會（Ancient Olympic）本就只允許男性運動員參賽。也就是說古柏坦在復興奧林匹克精神時，對奧林匹克運動會的願景，是不包含女性的。社會上不論男女，大多認同女性最大的成就在於鼓勵與協助兒子在運動場上出類拔萃，並為他們的努力喝采。

不過儘管遭到這樣不平等的對待，Revithi 仍在比賽隔天於相同路線上，自己跑了一趟，成績約為五小時三十分，證明了女性也是有能力完成長距離跑步的。

而奧運女子馬拉松竟要等到八十八年後的一九八四洛杉磯奧運會，才正式被列入競賽項目。

3

波士頓馬拉松

　　若要將馬拉松跑者進行分類，有許多方式，比方說看待訓練是嚴肅或輕鬆，是規律或隨意；練跑時間在早上或晚上；完賽場次是已破百或還沒；全馬最佳成績破四／330／破三……；其中還有一種，以是否跑過波馬（波士頓馬拉松的簡稱）來區分，波馬之於跑者，是走路有風、強者的象徵；而波士頓馬拉松為何如此特別？地位崇高無法取代？這場賽事又是怎麼開始的呢？

　　話說受到一八九六年奧運馬拉松成功舉辦的鼓舞，當時帶隊前往希臘雅典參賽的美國隊教練 John Graham，把這個長距離競賽概念帶回到美國；隔年（一八九七）四月的愛國者日（每年四月的第三個星期一），在美國東部的麻州也辦了一場馬拉松，當時僅有十五位跑者參加。只是沒想到這樣的嘗試，之後的每一年都持續舉辦下去，直到百年後的現在仍是（期間僅二〇二〇年因 COVID-19 取消、二〇二一年延至十月舉辦），這場比賽就是著名的波士頓馬拉松。

　　近年參賽人數已超過三萬人，沿線吸引超過五十萬名觀眾；波士頓馬拉松不僅培育出許多優秀的跑者，更成為世界上所有跑者的「麥加聖地」。

但其實波馬並不是一開始就這麼成功的，早年它只是場不到百人參加的地方小比賽，但因每年定期定點舉辦，隨著時代演進，主辦方不斷地優化賽事，這裡逐步成為北美國家選手證明自己實力的地方，也成為各國挑選奧運馬拉松國手的重要賽事；奧運舉辦年的波士頓馬拉松賽優勝，自然也是該屆奧運馬拉松奪冠的大熱門。

　　但當馬拉松賽事規定一步步建立得更完整成熟，沒預期到的發展是，這場歷史最悠久、跑者爭相朝聖的經典賽事，其路線規劃竟不符合現今馬拉松世界紀錄認定的標準[1]，也形成選手在此創下的成績，並不能成為正式的世界或國家紀錄，多少影響了精英選手參賽的意願。

　　但即使如此，對市民跑者而言，仍不減損其聖地的形象，站上波馬的起跑線，是許多跑者辛勤練習的目標；而波馬針對所有參賽跑者—依年齡區間發展出來的達標成績[2]，是其一大特色；這個標準訂的非常精準與巧妙，那是個不需要天賦異稟，只要肯練習、找對方法，人人都有機會達到的成績，也因為這是一段需要努力才能順利參賽的過程，讓每個人的波馬經驗更具獨特與魅力。

---

1 一九八〇到九〇年代，參賽選手須具備美國田徑協會會員，但後來已取消。

2 二〇一〇年起，因世界各國慢跑風氣逐步盛行，達標跑者快速增加，大會決定二〇一三年將各年齡層達標成績再提升。

三個金蘋果

馬拉松源於希臘，既然聊到希臘，就得來談談一則神話故事——一段希臘神話中關於跑者的愛情故事。

亞特蘭塔（Atalanta）是位善於奔跑的女獵人，傳說她是伊阿索斯（Iasus）國王的女兒，出生後因不是兒子而遭棄養森林（看來古希臘也是個重男輕女的社會），後來由母熊哺育活了下來，然後被獵人發現，接手養育她並教她打獵。在荒野長大的亞特蘭塔，成了一位極優秀的獵人。

她後來加入了卡呂冬的野豬狩獵任務。傳說這頭野豬是因國王有次忘記準備祭品，被生氣的神所召喚來破壞土地、人、牲畜的懲罰。

亞特蘭塔剛參與這獵殺活動時，許多男人都覺得不妥，但在許多男獵人同伴遭野豬殺害後，亞特蘭塔卻是第一個做到有效攻擊，並讓野豬受傷的人。後來也成功與夥伴們合作除掉這頭野豬。

卡呂冬野豬被殺死後，亞特蘭塔和她的國王父親重逢。父親希望她結婚，對婚姻沒有興趣的亞特蘭塔勉強同意，但開出的條件是得在跑步競賽中勝過她，才能成為她的丈夫；但若輸了就得被殺死。

國王同意了，這條件雖然嚴苛，仍吸引許多年輕人來挑戰，然而都不是她對手，也因失敗而失去了生命。

直到墨拉尼昂出現。

墨拉尼昂事先向愛神——阿芙蘿黛蒂求助，愛神給了他三顆金蘋果，指示他在比賽過程中，只要發現亞特蘭塔追近時，就將一顆蘋果丟出。

由於亞特蘭塔對於自己的跑速很有自信，都會讓這些挑戰者先跑一段，然後後發先至地追上並超越。

但在這次與墨拉尼昂競賽時，每當她快要追上他時，就會看到一顆金蘋果掉落在地上，她無法忍住誘惑，反射性地彎腰去撿，墨拉尼昂則趁機拉開一些距離；亞特蘭塔撿起蘋果重拾步伐再次追近，他又拋出第二顆蘋果，她又忍不住彎腰去拿；眼看終點就快到了，亞特蘭塔也很快又追了上來，這時他故技重施丟出了第三顆蘋果，當亞特蘭塔還是忍不住再度彎腰時，比賽結果也定了調，墨拉尼昂贏得了這場賽跑。

於是兩人結婚，生下兒子，名字是帕耳忒諾派俄斯，即國王伊底帕斯死後攻打底比斯的七將之一。

這個故事可能談不上浪漫，甚至還有點血腥殘忍，但這確實是記錄在希臘神話中的一段跑步故事，或許下回參加馬拉松競賽，也可以考慮帶上三顆蘋果，在關鍵時刻拋出，拉開與對手的距離！

Chapter 2

一次大戰前的奧運馬拉松

身處二十一世紀的跑者們，對於用晶片計時、跑柏油路面、預備充足補給的路跑賽事，早已習以為常。可能很難想像在一百多年前的奧運馬拉松比賽上，竟然會有抄近路、搭便車的亂象；路面品質不佳、賽道指引不明確，馬拉松比賽的距離也沒統一（落在四十到四十三公里間），補給站是由當地主辦單位自行想像與安排；甚至還有選手跑到失蹤或死亡。

　　一九〇〇年初，正是萊特兄弟進行飛行試驗、研發飛機的期間；試飛成功後，經過各國多年發展與改良。一九一四年第一次世界大戰爆發，飛機剛好被用來執行偵察、轟炸等任務。又經過二、三十年的發展，飛機的性能與安全逐步提升，加上二次大戰時，不少城市因戰時需求興建了機場，戰後又有許多退役的戰機飛行員，兩者都為人類世界的民航發展帶來助益。

　　從以上的航空發展史來看，一九五〇年代以前，飛機是鮮少用來載客的；也就是說，在此之前，選手若要跨洲參與奧運會，是沒有飛機可搭的，更不要說是商務艙了！他們得先搭船抵達舉辦城市附近的港口，再轉火車或汽車，千里迢迢舟車勞頓，才能到達會場；這旅程甚至可能超過一個月，對於馬拉松選手的訓練與狀況調整，成了一大考驗。

4

一九〇〇巴黎

第二屆現代奧運會,於一九〇〇年在浪漫花都——巴黎舉行;這次奧運會沒有開幕式,也沒閉幕式,共舉行十九項運動比賽,有九九七位選手參加,競賽期從五月十四日一直比到十月二十八日,為期近半年。

時間會拉這麼長,主要因為當時的奧林匹克運動會,算是一九〇〇巴黎世界博覽會系列活動中的運動競賽部分。而舉辦世博的目的,一方面在回顧過去一世紀的重要成就,另一方面也展望世界未來的發展。

當時剛起步的奧運會,名氣不若現在,反倒是國際奧會想藉著和世博會共同舉辦的機會,讓世界加更認識奧林匹克活動。

近代奧運會參與的選手,大多是透過各國國內選拔或選手在規定期間內之合格賽事達標後,統一由國家奧會報名;但在一九〇〇年奧運草創時期,有些人是看到競賽的宣傳海報後,自行向大會報名的學校或俱樂部;加上這屆奧運賽期長,又與世博同步進行,甚至發生了選手不知道自己參與的活動是奧運會,就成為奧運冠軍的狀況;後來也產生了一些選手國籍認定的問題,這屆馬拉松賽事的冠軍就是其中之一。

那個時代由於交通工具的限制，飛機還沒被發明，齊柏林飛艇正在試飛。如果美國選手要到歐洲參加奧運，得搭船、火車、馬車等，從出發到抵達，往往需要一個月以上的時間。因參賽的交通門檻太高，於是，早期奧運會的參賽選手，大多還是以居住在主辦城市鄰近的好手為主。這屆運動員有百分之七十二來自法國，地主選手也獲得了大部分比賽項目的優勝；這也是首次有女性運動員參與奧運會，但並不包含馬拉松項目。（二十二位女性，男女共九九七位選手。）

　　馬拉松賽事是在四年前首創，且量身舉辦於雅典奧運；來到四年後的巴黎，它不再那麼新奇與具備在地意義。上屆奧運馬拉松的十七名參賽者，沒有一位來到巴黎；而一八九七年起每年舉辦的波士頓馬拉松賽，得到第二屆冠軍的加拿大 Ronald MacDonald，則特別跨洲來到巴黎挑戰奧運馬拉松。

比賽日期	1900 年 7 月 19 日 14:30
比賽路線	從 Stadium 體育場出發，經體育場四圈，在巴黎市區街道、沿舊城牆路線前進，再回到體育館。
比賽距離	約 40.26 公里
參賽選手	13 位選手，來自四個國家，包括法國、瑞典、美國、英國（當時加拿大仍屬於大英國協），7 人完賽。
氣　　候	炎熱，氣溫高達攝氏 39 度。是目前奧運馬拉松紀錄中最熱的一次

當時的馬拉松比賽距離尚未標準化，上屆大約是四十公里，這屆則是四十點二六公里。馬拉松距離標準，一直要到一九二四年才定義為四十二點一九五公里。

原先規劃的馬拉松路線，起點是在巴黎市郊布洛涅森林（Bois de Boulogne）內的 the Croix-Catelan stadium 體育場，往西跑往凡爾賽（Versailles）再跑回來。但組委會在賽前臨時決定改變路線，不向凡爾賽方向跑，改為選手繞體育場四圈後，往巴黎市區街道，沿著舊城牆的路線前進，最後再回到體育場。

這個臨時的變更，讓主要賽事都在巴黎市區進行；但當時組委會的路線標記方式很糟，導致參賽者一不小心就會跑錯路，不時得返回岔路處確認（又不是在比定向越野賽）；某些路段還得面對車輛、行人、自行車、動物的干擾。

因年代久遠，現今留存記錄當時比賽的描述很少，有一個版本是法國人 George Touquet-Daunis 領先所有跑者率先離開布洛涅森林，並提到他至少領先到半程；跟在他後面的是瑞典的 Ernst Fast。而 Touquet-Daunis 後來受不了高溫決定棄賽，直接離開賽道前往酒吧喝啤酒休息，Fast 短暫取得領先，但後來迷了路，向路上的警察詢問方向，這警察為了讓地主選手獲得優勢，給了他錯誤指引；法國 Michel Théato、Émile Champion 趁機超越，成為前兩名，Fast 最後獲得第三，整整慢了第一名近四十分鐘。

令人遺憾的是，賽後這位警察很後悔，尤其是知道 Fast 因此沒獲得優勝後，他向運動員致歉，之後又因過度自責在家舉槍自盡。

另一版本則描述了糟糕的路線標示，給了當地選手很大的優勢。美國選手 Arthur Newton 稱他在繞完四圈體育場後取得領先位置，並說他直到回終點前，都沒被任何跑者追過。於是當被告知並非冠軍優勝時，非常地不服氣，他認為法國選手在跑出體育場後，因為熟悉路線，開始切西瓜、跑捷徑。

　　首先抵達終點的 Théato 是位麵包師助手，因為經常協助運送麵包到客戶處，確實對巴黎的街道非常熟悉。加上 Newton 指出賽道有一段路地面泥濘，幾乎所有外國選手身上的服裝，都因此而弄髒了，但前幾名完賽的法國選手的衣服卻是乾淨的。這讓這些遠來的外國選手覺得不公平，在賽後立刻向大會提出質疑，認為第一名 Théato 與第二名的 Champion，一定是利用他們對於街道的知識，抄近路完成比賽。

　　但這樣的指控，無法合理解釋瑞典選手 Fast 比 Newton 早完成比賽，且在超越時沒被 Newton 發現（Newton 宣稱他沒被任何人超過）。

　　另一位美國選手 Dick Grant 則抱怨他在領先時被一名騎自行車的人撞倒。

　　由於當時國際奧會主席古柏坦也是法國人，他擔心大家認為他袒護自己人，於是決定暫緩頒獎，並指示對賽事過程進行調查。

　　然而當時大會並沒有給出明確的調查時程，且馬拉松比賽賽道長、範圍廣，又無攝影或晶片記錄技術，調查自然陷入僵局；這事竟拖了整整十二年，一直到一九一二年，國際奧會才試圖整理並公告該屆奧運馬拉松的賽事結果——最終國際奧會還是將優勝授予

Michel Théato。

　　有趣的是，本屆優勝 Théato 在當時的記錄上是法國籍，怎知在比賽結束九十多年後（一九九〇年代），法國田徑歷史學家發現──Théato 其實出生於盧森堡大公國，他雖居住於法國，但卻從未入籍法國。於是盧森堡大公國曾於二〇〇四年向國際奧會要求更改該項紀錄，改列一九〇〇年的馬拉松優勝是屬於盧森堡，但遭國際奧會拒絕；直到二〇二一年才又同意更正，這也成為盧森堡奧運史上的首面奧運獎牌。

　　如今，隨著賽會組織、競賽規則的逐步完善，我們在奧運會上已經看不到像這屆奧運馬拉松如此混亂的場景。

比賽結果

名次	選手姓名	國籍		完賽時間
1	Michel Theato	盧森堡		2:59:45.00
2	Emile Champion	法國		3:04:17.00
3	Ernst Fast	瑞典		3:37:14.00
4	Eugene Besse	法國		4:00:43.00
5	Arthur Newton	美國		4:04:12.00
6	Dick Grant	美國	（加拿大籍，但以美國俱樂部選手身分參賽）	—
7	Ronald Macdonald	加拿大	（加拿大當時仍屬大英國協）	—

* 一九〇〇年的奧運獎牌，被設計成長方形而非圓形。但當時各個運動項目的獎項並未統一，有些運動項目第一名頒發鍍金的銀牌，第二名是銀牌，第三名則是銅牌；有些項目則是頒發獎杯。馬拉松項目則因為爭議直到一九一二年才補發。

* 巴黎擁有東西兩座森林公園：東— le bois de Vincennes 班森諾、西— Bois de Boulogne 布洛涅森林，他們猶如兩片肺葉，淨化著巴黎的空氣。一九〇〇年巴黎奧運馬拉松就是在西邊的布洛涅森林進行，這裡過去是國王的狩獵場，後來這區域成為有動物園、遊樂場、賽馬場、足球場的休閒場所，是巴黎和周邊居民晨跑、漫步、娛樂的地方。也曾經有一段時間，夏日布洛涅森林的夜晚，許多來自東歐、南美、非洲的性工作者會在此從事交易，後在薩科吉總統任內（二〇〇七～二〇一二）制定法律禁止，加上警察加強掃蕩，現已近乎絕跡。

5

一九〇四聖路易

那是個還沒有禁藥概念的時代，人類能否承受這四十公里高強度奔跑的長距離挑戰，仍在觀察中；加上賽會組織鬆散沒經驗，選在午後高溫下起跑、全程僅設一個水站；選手搭便車、喝老鼠藥提神、摘路邊果子當補給、被野狗追、比賽中還躺下小睡一會，如今看來荒誕匪夷所思的狀況，在當時卻真實發生，馬拉松賽事成了人類體能極限測試的實驗場。

一九〇四年聖路易奧運馬拉松，是奧運馬拉松史上以瘋狂過程出名的一屆。這也是奧運會首次離開歐洲大陸，來到美國聖路易舉辦。

其實原先是由芝加哥取得主辦權，但碰上同年聖路易要辦世博會。聖路易世博的主辦方，不希望世博進行期間，國內同時有另一項國際賽會，於是想讓奧運改到聖路易來舉辦。

為了達成這個目標，他們先計畫了聖路易世博會的運動競賽活動，並告知芝加哥奧運組委會，若這樣發展下去，將會使芝加哥奧運會相形失色。

這個狀況迫使當時國際奧會主席——古柏坦必須介入，最後將奧運的主辦權改給了聖路易，也使得連兩屆的奧運會，都和世博

會在同城市進行。

　　而聖路易奧運組委會原本承諾會安排一艘船，走訪歐洲各主要港口，接送歐洲各國運動員一起到美國，參加首場位在歐洲大陸之外的奧運會；但當時不巧碰上日俄戰爭，歐洲情勢緊張，最終組委會並沒有兌現這個承諾。

　　加上聖路易位在美國中部，交通不便，自行前往所費不貲，最後僅有極少數的非美國或加拿大之運動員前來，連現代奧運之父——國際奧會主席古柏坦都未出席。

　　在全部項目六五一位選手中，只有六十二人不是來自北美洲，有些項目甚至成了僅有美國選手參賽的國內賽。

　　主要比賽場地在 Francis Field，現在是聖路易華盛頓大學 Washington University in St. Louis 校園的一部份。當時奧運的體育競賽，就像是世博會眾多活動的一部分，比賽受到的關注，被其他許多展覽活動所掩蓋。

　　奧運會是自本屆起，才確立了用金、銀、銅三個不同顏色的獎牌，來表揚前三名的選手。在此之前是頒給第一名銀製獎牌或其他獎盃、獎品。

比賽日期　　1904 年 8 月 30 日 15:00

比賽路線　　由 Francis Field 體育場起跑，繞跑道五圈後，跑往郊區，沿途會經過七段坡，再回到終點體育場，距離約 40 公里。

這屆馬拉松比賽於下午三點，攝氏三十二度的環境下起跑，一路在塵土飛揚的鄉間路前進；在糟糕規劃與嚴苛外在環境的雙重考驗下，來自四國三十二名選手，僅有十四位完賽，有高達十八人棄賽（完成率僅有百分之四十四）。繼四年前巴黎奧運後，再一次因主辦方糟糕的規畫，形成一場狀況連連的怪奇賽事。

美國選手 Arthur L. Newton，是唯一一位上屆巴黎奧運馬拉松的參賽者。

過去三屆波士頓馬拉松優勝一九〇二的 Sammy Mellor、一九〇三的 John Lordon、一九〇四的 Michael Spring 也都前來參賽。

其他選手中，還包含兩位史上首次參加奧運會的非洲選手——來自南非 Tswana 部落的 Len Tau 與 Jan Mashiani。他們本是從南非來聖路易參展世博會的團員，每天兩次在數千名觀眾面前，擔任荷蘭殖民者 Boer 人與大英帝國之間的第二次波耳戰爭（一八九九～一九〇二）的演出人員。

兩位都是真實曾服役於該戰事，擔任長距離傳令兵的工作；也因為有這樣的基礎，才臨時決定報名參加奧運馬拉松賽事。

比賽實況

開賽時溫度就高達攝氏三十二度；跑者先繞體育場跑道五圈，Frank Pierce 是第一位參與奧運會的美洲原住民，在開賽時短暫取得領先；後面緊跟著 Arthur Newton、Thomas Hicks、Sam Mellor 三位美國選手。

但跑到第三圈時，另一位美國人 Fred Lorz 取得領先；他是一位磚瓦匠，擁有短跑選手的強壯肌肉，且在前兩屆波士頓馬拉松獲得前五名。

　　當五圈完成，選手離開體育場，這時他們竟發現自己跑在前導車的前方！

　　接下來的路線，大多是在鄉間塵土飛揚的道路上，而官方人員（包含工作人員、記者、裁判等）乘坐的車輛，就在選手前後方不遠處；車輛行駛過造成的灰塵雲，讓選手呼吸困難，加上高溫高濕，對跑者都是極大考驗。

　　不久，Hicks 超越 Lorz 來到最前頭，Hicks 的職業是小丑，但在有限的照片資料中，他看起來卻是最嚴肅的跑者。

　　五公里時，前一天在障礙賽中獲得銅牌的 Newton 來到第五位，Hicks 則跌到第七。法國出生、居住在芝加哥、在屠宰場工作的 Albert Corey 排在第九。緊隨其後的是南非選手 Len Tau 與 Jan Mashiani，這是他們第一場馬拉松比賽。

　　九點六公里處，Newton 取得領先，Mellor（一九〇二波馬冠軍）在後追趕。在他們身後是 Lorz 與來自古巴的 Carvajal。一九〇三年的波馬冠軍 John Lordan，在十六公里時身體不適開始嘔吐，決定離開賽道，成為第一位退賽者。

　　馬拉松進行到一半，Mellor 領先，Newton、Hicks 分別為第二、第三。Mellor 是賽前最被看好者，他曾在高溫下贏得了泛美博覽會馬拉松冠軍。但在二十四公里處，Mellor 因抽筋與不舒服而放慢腳步，不久就退出了比賽。換 Hicks 取得領先，Newton 緊

跟其後。

開賽經過三小時十三分後，Fred Lorz 卻是首位抵達終點的跑者（這成績比一九〇〇巴黎要慢了十三分鐘）。

他被現場觀眾認為是優勝者，也揮手接受群眾歡呼，甚至站上了頒獎台，直到此時才有人質疑，拆穿了他的作弊行為。事實是 Lorz 在十四點四公里時就抽筋退出了比賽，然後搭上車要返回體育場，但車子剛好在三十公里處故障，他在休息後腳好多了，乾脆趁機重回賽道，然後慢慢跑向終點，成為首位回到體育場的人。雖然他在被發現後立刻承認自己的欺瞞，並表示只是開個玩笑；但這個玩笑差點讓他面臨終身禁賽的處分，但後來考量他很快承認且並非真的打算詐欺，最後僅在這年度被禁賽。也因這項寬容，他才有機會在隔年（一九〇五）波士頓馬拉松獲得優勝。

賽事真正的優勝者是 Thomas Hicks。

雖然他在過程中曾接受其訓練員的協助，但這在當時的馬拉松賽事上並未明文禁止。

Hicks 早在十九點二公里處大會唯一的水站時就覺得極度口渴，他向他的兩個訓練員請求水喝，卻遭拒絕，僅給他吸水海綿在肩膀與嘴邊降溫，試圖在不補水的情況下，幫運動員解渴。當時的觀念可能認為在比賽中喝水會造成胃痛而跑不下去。

在二十四～二十五公里 Mellor 退賽後，Hicks 已領先其他跑者達二點四公里。

此時，他被他的訓練員，餵以低劑量的 Strychnine（是當時的一種老鼠藥，劑量低時可刺激神經系統，有興奮劑之效果）與生雞

蛋、白蘭地的混合液體，來確保他不會因疲累而停下來或躺下。

　　Hicks 持續與賽事、環境奮戰，但開始出現幻覺，在剩下的路段幾乎無法正常跑走。剩下最後三公里的一段上坡時，速度遽降的 Hicks 被餵以第二劑混合液體，且奏效了；回到體育場後，他拖著腳步、舉步維艱，幾乎是他的團隊人員將他支撐住，架抬地帶通過終點線，彷彿他自己還在奔跑。

　　Hicks 以三小時二十八分五十三秒獲得第一名，但立刻被抬出賽道。若不是當時在場待命的幾位醫師治療照顧下，他可能會死在體育場。他竟在這場馬拉松比賽中流失了三點六公斤的體重。

　　另一個也接近死亡的參賽者，是美國的 William Garcia。他被發現昏倒在馬拉松三十公里附近的賽道上，原因是高溫、脫水，加上吸了兩個小時的過多灰塵，也導致嚴重食道與胃傷害；而這些灰塵的主要製造者，就是大會工作人員的車輛；他被發現後立即送醫進行手術才救回一命。

　　最具戲劇性的選手，則是個性開朗、來自古巴、職業是郵差的 Andarín Carvajal；他在報名截止最後一刻才決定參加馬拉松賽，但國家並不會支付他的參賽旅費；貧窮的他在家鄉籌了錢來到美國，卻在紐奧良玩骰子遊戲輸光了；接著他用搭便車的方式來到聖路易。抵達後他很快得到美國舉重選手的喜愛與幫助，給了他一些食物與住的房間。而當他站上起跑線時，還穿著一般日常的衣服，這時另一位鐵餅選手找來剪刀，協助他剪去長褲管，讓它看起來更接近比賽短褲，更像個馬拉松運動員。

　　據傳許久沒進食的 Carvajal 曾在途中的果園停下來摘蘋果

吃，然而蘋果已變質腐爛，導致他出現胃痛，症狀嚴重到必須躺下來睡一會休息。但也有一說認為這其實是 Carvajal 自己編造的玩笑，事實是他向路邊的觀眾要了桃子吃，僅此而已。無論如何，他竟在小睡之後，還拿下這場賽事的第四名。

混亂的賽事仍持續進行著，原先領先的跑者一個個退出，包含多位前波馬冠軍。還有兩位工作人員因車輛掉到溝渠而受重傷；兩位首次參賽奧運的非洲選手，Len Tau 以第九名完賽，但如果不是在途中被野狗追趕而偏離賽道，多跑超過一點六公里，他應可有更好的名次。

會造成這麼高的退賽率，還有一個重要的原因，是大會全程僅在十九公里處設了一個水站，理由竟是這屆奧運馬拉松賽事主要組織者 James E. Sullivan，想藉此進行「有目的的脫水」研究，他認為選手在賽事過程中喝水或吃東西，反而會導致胃痛。但他可能不知道，中暑脫水是會致命的。

法國移民到美國的選手 Albert Corey，以三小時三十四分五十二秒獲得第二名；第三名是上屆曾到巴黎參賽且質疑地主選手抄近路的 Arthur Newton。

這場賽事創下奧運馬拉松最差完賽率百分之四十四（三十二人參賽，十四人完賽）與最慢優勝成績三小時二十八分四十五秒，比奧運會第二慢的優勝還要慢上三十分鐘。

賽後許多選手抱怨馬拉松比賽太危險，應該要停止舉辦。主要組織者 James Sullivan 也承認，除了具備的歷史意義外，他也反對舉辦馬拉松賽事，甚至表示下一屆奧運會可能就不會有馬拉松

了。

聖路易奧運馬拉松──高溫、缺水、搭便車、野狗追、喝老鼠藥！史上最瘋狂的馬拉松賽事當之無愧呀！

比賽結果

名次	選手姓名	國籍	完賽時間
1	Thomas Hicks	美國	3:28:53
2	Albert Corey	法國	3:34:52
3	Arthur Newton	美國	3:47:33
4	Andarín Carvajal	古巴	不明
5	Dimitrios Veloulis	希臘	不明
6	David Kneeland	美國	不明
7	Harry Brawley	美國	不明
8	Sidney Hatch	美國	不明
9	Len Tau	南非	不明
10	Christos Zechouritis	希臘	不明
DSQ	Frederick Lorz	美國	3:13:00

古奧林匹克運動會的作弊懲罰

在古奧林匹克運動會時期，若選手在運動賽場上有作弊的行為，採用的是一種很特別的懲罰方式——大會將製作一尊新的宙斯像，而這尊神像的台座上會刻上作弊者的名字，然後排列在顯眼的競技場入口處，讓未來來這裡參賽的選手或觀眾，都能知道他的「事蹟」。

這種處理方式與華人傳統的隱惡揚善觀念完全背道而馳，藉此也可看出東西方思想上的差異；只是不知道哪種方式對於嚇阻運動場上作弊的效果比較好呢？世界反禁藥組織WADA（World Anti-Doping Agency），何不也考慮設置這樣的禁藥名人堂，說不定會比終身禁賽還來得更有效！

6

一九〇六雅典

（一九〇六雅典奧運，後來不被列入國際奧會正式認證之奧運會屆數，成績也不列入統計）

　　一八九六年首屆現代奧運會在雅典舉辦後，希臘官方就一直有讓奧運會定期在雅典舉辦的提議；但身為復興古奧林匹克運動會的關鍵人物、也是國際奧會的創辦人、人稱奧運之父的古柏坦，他來自法國，出生於巴黎，讓第一屆奧運在雅典舉辦已是他的讓步；無論如何，第二屆奧運會一定要在他的故鄉巴黎舉辦。

　　後來經過巴黎奧運與世界博覽會同時同地舉辦下的慘況（籌劃差，運動賽期拖太長，無法聚焦，且被世博活動所掩蓋），開始有人思考是否讓奧運回到希臘雅典，用同城市、同場地、同一組工作人員，應較能累積運動賽會籌辦的經驗，進而讓來自世界各地的運動好手能更公平地競爭，也與古奧林匹克運動會每四年固定在奧林匹亞舉行的模式更接近。

　　但奧運到世界各城市去舉辦，也有宣揚奧林匹克精神與跨國交流的意義。於是在綜合考量下，提出了一個奧運舉辦方式的新版本——就是在兩屆現代奧運的四年期間，穿插一次固定在雅典舉辦的賽事，稱之為「Intercalated Games」，等於是每兩年會有一場奧

運會，中間插入的這場固定在雅典舉辦，其餘的奧運會，則巡迴世界各城市進行。

這看來是個兩全其美的計畫，但提議拋出時已是一九〇一年，若要在一九〇二年舉辦太倉促，於是決定延到一九〇六年舉辦第一次 Intercalated Games；而第二次的 Intercalated Games，則會落在一九一〇年，儘管後來只在一九〇六年舉辦過一次。

這場相隔十年、雅典第二次舉辦的奧運會，籌備期在經過一九〇四第三屆聖路易奧運（繼巴黎後另一場奧運籌劃悲劇）後，倒是開始令人期待，畢竟雅典曾經舉辦過首屆奧運；雖然當時希臘的政經狀況並不好，但國際奧會承諾會全力支持希臘國家奧會。

後來這屆奧運會未被列入官方屆數，成績也不列入奧運成績，但一些新規定與作法，倒是奠定了後續參與國際運動賽會的基礎，其中包含：

1. 所有運動員必須透過該國的國家奧會（NOC）報名賽事。
2. 將開幕式從賽事中獨立出來，在坐有大量觀眾的場地，規劃正式的運動員進場儀式，選手以國家為隊伍單位，跟著各國國旗入場。
3. 首次設立選手村。（當時設在 Zappeion 宮，就在主場館 Panathenaic Stadium 對面，距離僅三百公尺。）
4. 舉辦正式的閉幕式。
5. 在頒獎時，升起獲獎選手代表國家之國旗。

以上這些作法，後來都成為奧運會的慣例。

而一九〇六年這場空前絕後插入的奧運會，競賽項目也包含了馬拉松賽。

比賽日期	1906 年 5 月 1 日 15:05
比賽路線	從馬拉松出發，終點為 Panathenaic Stadium，與一八九六年從馬拉松跑到雅典的路線大致相同。
比賽距離	41.86公里
參賽選手	16國53人，僅15人完賽。

　　由於過去最多只有五國參賽，這次擴大到有十六個國家的選手出賽，是歷屆奧運馬拉松比賽最國際化的一場。

　　希臘人希望重現一八九六年 Louis 為地主奪冠的榮耀，於該年的三月十七日先舉辦了選拔賽，比賽由 Anastasios Koutoulakis 獲勝，但最被看好在奧運奪冠的卻是第二名的 Dimitrios Kantzias。

　　一九〇四聖路易奧運以第四名完賽的古巴郵差 Andarín Carvajal，這回獲得古巴政府贊助旅費，打算前往雅典參加一九〇六奧運馬拉松。但最終他並沒有出現在起跑線上，人們推測他在旅途中遭遇意外死亡，訃聞還刊登在古巴的報紙上；直到一年後他搭船回到哈瓦那，震驚了所有人，然後又重新開始他的跑步人生。

　　加拿大人 Billy Sherring，曾獲得一九〇〇年波士頓馬拉松第二名。一九〇六年時，他是 St. Patrick's Athletic Club 田徑俱樂部的一員，獲選代表加拿大參加雅典奧運。原先加拿大打算派兩位選手前往，另一位是曾兩次在長跑競賽贏過 Sherring 的 Jack Caffrey。但因經費籌措不足，一場公開募款的音樂會，僅收到

七十五美元，遠遠不足兩人所需費用。於是 Caffrey 決定放棄，而 Sherring 拿到這筆錢，在酒吧調酒師的建議下，下注一匹名為 Cicely 的賽馬，幸運地以高賠率獲勝，也讓他獲得充足的旅費得以成行。他在比賽前兩個月就抵達希臘，一邊在車站附近擔任挑夫賺生活費，一邊在馬拉松與雅典之間練習與適應環境，據說他這段時間就瘦了近十公斤。

賽前所有馬拉松參賽選手，在大會安排下，於一天前抵達起跑點馬拉松，並且在外交官邸過夜。

相較於前兩屆一九〇〇巴黎與一九〇四聖路易奧運馬拉松的混亂，雅典這次可是做足了準備。賽道沿線每隔一英里就安排五位士兵，他們將負責選手的醫療監控。每隔五英里就有救護車、軍醫、護士、擔架等配置。路線全程有警察保持暢通，步兵營、騎兵中隊、憲兵也都提供協助。領頭的計時員是一位騎兵中尉，他騎在選手的前方，且在途中換了四次坐騎。

比賽實況

比賽在下午三點開始，氣溫大約攝氏二十七度。前段領先的，是來自澳洲的 George Blake 與美國的 William Frank。二十五公里時，加拿大 Billy Sherring 加速超越所有人，並在剩下的賽事中取得主導地位，最後以七分鐘的差距獲得優勝。當他在距離終點體育場約三公里時，大會還安排人員發射大砲，讓體育場內的觀眾知道冠軍即將抵達。

當 Sherring 抵達時，現場的希臘民眾是失望的，但希臘喬治王子還是如一八九六年時，在體育場入口處迎接冠軍並陪跑到終點。七分鐘後，第二名是另一位外國選手來自瑞典的 John Svanberg。他在接近體育場時才超越美國的 Frank，而 Frank 獲得第三名。澳洲的 Blake 則獲得第六。

比賽結果

名次	選手姓名	國籍	完賽時間
1	Billy Sherring	加拿大	2:51:23
2	John Svanberg	瑞典	2:58:20
3	William Frank	美國	3:00:46

地主希臘名次最好的選手為第五名的 Ioannis Alepous，成績為三小時九分二十五秒。選拔賽前兩名 Anastasios Koutoulakis、Dimitrios Kantzias 都未能完賽。

賽後 Sherring 獲得大會頒發一隻羊與雅典娜雕像作為獎勵。回到加拿大後，他的家鄉政府給了他一筆五千元的高額獎金，這引起奧林匹克之父古柏坦公爵注意，後來特別寫信給加拿大總督，表達這獎金與舉辦奧林匹克運動會單純「為運動而運動」(sport for sport's sake) 的精神不符。

而一位本次未完賽、來自義大利的選手 Dorando Pietri，在兩

年後一九○八倫敦奧運馬拉松賽場上成了焦點，也是奧運馬拉松史上著名的事件，細節就留待下篇說明！

　　奧運馬拉松賽從「馬拉松」起跑就是不一樣，可惜後來經過九十八年後的二○○四年，奧運馬拉松才再一次回到其發源地，重新跑這經典路線。

7

一九〇八倫敦

　　一九〇八奧運會，原訂在義大利羅馬舉行；但一九〇六年籌備期間，義大利遭遇維蘇威火山爆發，猛烈噴發的熔岩造成一百多人死亡，也摧毀了 Naples 市與周邊區域；本來要用於奧運會的資金被轉移於重建，因為財政上的困難，羅馬宣布放棄舉辦兩年後的奧運會。這時英國倫敦有意願接手，在國際奧會同意後，臨危受命成了這一屆主辦城市，也是倫敦第一次的奧運會。

　　當時英美兩國間存在對立與敵意，首先是在開幕式時，美國國旗並未被懸掛；後又有多起抗議紛爭，指控主辦方英國在比賽上對美國選手不公，而馬拉松就是其中之一。

比賽日期　1908 年 7 月 24 日 14:33

比賽路線　從溫莎堡 Windsor Castle 出發，終點為 White City Stadium。

　　賽事的起點規劃在皇室溫莎堡內的草坪廣場；選在這裡，一方面可避免民眾干擾，另一方面也方便王室成員就近觀看；終點設在當年的主場館 White City 體育場，路線長度為二十六英里。後來

希望選手過終點衝線的地點，能在體育場的皇家包廂前，於是選手進入體育場跑道後，改為繞跑道較遠的路徑，最終抵達包廂前的終點線，而這多出來的距離是三八五碼。

這增加的距離是被選手與觀眾所贊同的。如此調整安排下，選手有更多時間可以接受與享受現場觀眾的歡呼；觀眾等了這麼久，也能看到更多、更長選手奔馳的畫面。只是當時沒想到這多出來的碼數，意外成為後來定義標準馬拉松距離的一部份，也是馬拉松距離不是剛好二十六英里整數里程的原因。（二十六英里三八五碼＝四十二公里一九五公尺。）

一九〇八年倫敦奧運馬拉松，是第一場符合標準馬拉松距離的正式賽事；但是直到一九二一年國際田徑總會才正式定義標準馬拉松為二十六英里三八五碼或四十二公里一九五公尺。一九二四年巴黎奧運則是第一場依照標準馬拉松距離舉辦的奧運馬拉松。

七十五位選手報名，實際出賽五十五位，來自十六個國家，再一次創下奧運馬拉松最多參賽國的紀錄。最後有二十七位（分屬十一國）的選手完賽。大部分選手還是來自歐洲國家（三十一位來自十二個國家，其中地主英國有十二位），北美洲的加拿大與美國，則分別派了十二位、七位參賽。非洲、大洋洲各有兩位選手，亞洲與南美洲則無人參加。

美國 Sidney Hatch 是唯一一位曾參與上屆一九〇四聖路易奧運馬拉松的選手（第十四名完賽）。

代表加拿大出賽的 Tom Longboat，美國隊曾向大會提出質疑，認為其身分非業餘選手（早期奧運會僅允許業餘選手參賽），

但最後仍獲准出賽。

當時比賽規定可以有兩位助手，別著與選手相同之號碼布，騎著腳踏車，在距起點六英里處的賽道上與選手會合，跟著選手比賽，並給予他合乎規定的支援。

比賽實況

比賽在下午兩點三十三分開始，起跑時天氣是陽光、溫暖、潮濕的，氣溫大約攝氏二十二度，兩小時後來到最高溫攝氏二十五度，之後漸漸降溫。

從溫莎堡起跑，一開始的路段 Castle Hill 是陡下坡，英國人 Thomas Jack 以五分一秒就跑完第一英里，這是兩小時十一分四十四秒跑完全程的配速，遠快於當時馬拉松最快紀錄（約兩小時五十一分）。而 Jack 的第二英里仍維持高速，以五分十一秒完成，這麼快的配速，他已經被預估可能無法完賽。

Jack 以驚人的二十七分零一秒完成五英里，但也開始感到疲勞，他於七英里處就決定退賽；新的領先群有五位，依序是三位英國選手（Jack Price、Fred Lord、Alex Duncan）、南非 Charles Hefferon、義大利 Dorando Pietri。

十英里時（五十六分五十三秒），Price 微幅領先 Lord，義大利 Pietri 則超過南非 Hefferon；此時兩位美國選手 John Hayes 與 Michael Ryan 仍保守地跑在落後領先群約一英里的位置。

半程時（十三點一英里），Price 以一小時十五分十三秒率先

通過，領先第二名的 Hefferon 有四十一秒。由於前段過快的配速，Price 狀態開始下滑，在十四點五英里時被 Hefferon 追過，Hefferon 通過十五英里成績為一小時二十八分二十二秒，領先第二位 Lord 達兩分鐘（Price 則於十七點五英里棄賽），Pietri 則落後 Lord 六秒位居第三，加拿大人 Tom Longboat 居第四；領先集團形成全球混戰局面，前四名選手分別來自四個不同國家（南非、英國、義大利、加拿大）、三個不同洲（非洲、歐洲、北美洲）。

Pietri 開始加速想追上領先者 Hefferon，二十英里還落後三分五十二秒；隨後不斷拉近距離，二十一英里差三分十八秒；二十二英里差兩分四十七秒；二十四英里僅剩兩分零秒。

最後一英里時，Pietri 及時追到了 Hefferon 並超越之；但此時美國 Hayes 也來到領先者身後不遠處。Hefferon 與 Pietri 看來都已接近力竭，Hayes 則仍維持著良好的姿勢。

Pietri 是第一位跑進到 White City 體育場的人，但可能身心狀態已到極限，加上滿場觀眾震耳的加油聲與巨大的環境空間改變，應該往左轉的 Pietri 卻無法控制地向右跑去，在工作人員指引下，在修正方向後卻跌坐在地，這地方幾乎就是距離起點二十六英里的位置，若沒有變更安排繞場跑向皇家包廂的這三八五碼，Pietri 已經抵達終點了。

最後的這段路，Pietri 共倒下再爬起五次，每次都被圍繞著他的現場工作人員鼓勵與催促向前。這時，美國 Hayes 與南非 Hefferon 也跑進了體育場。

現場的醫療人員有些不知所措，他們不想提供協助，如此會

導致 Pietri 失格，但又覺得有義務做些甚麼，避免可怕的結果（比如死亡）發生在國王與體育場所有觀眾面前。從事後的照片看來，這些工作人員最後還是提供了協助，支撐 Pietri 站起來，鼓勵他完成比賽，終於在第五次倒下爬起後，通過了終點線。但眾人都知道這明顯地違反了規則。

而 Hayes 在三十二秒後抵達，Hefferon 則是再經過四十八秒第三位衝線。美國與加拿大選手分占了接下來的五個名次，原先看好的地主英國選手，多位因前段配速過快而未能完賽（十二位出賽有八人未完賽），且沒有一位跑進前十名。

Pietri 被人用擔架抬出場，美國隊隨即提出抗議，指出 Pietri 在賽事過程中，獲得了不當的協助。大會後來宣布 Pietri 失格，取消其名次，所有完賽者前進一名。美國 Hayes 獲得本屆奧運馬拉松冠軍。

至於為何大會工作人員明知提供協助可能造成 Pietri 失格卻還是做了呢？由於當時英美關係不佳，事後許多人認為，那時在場的英國籍工作人員，在地主選手表現不佳的情況下，又看到第二位進場的是美國人 Hayes，於是出手幫助了這位義大利人，私心不想讓這屆奧運馬拉松冠軍落到美國人手上，但這個說法無法被現場提供幫助的醫師與工作人員所證實。

幸好 Pietri 送醫後身體恢復地很快，且沒有留下任何後遺症；國王甚至還在隔天親自頒發一個特別獎座，以表彰他永不放棄的奧林匹克精神。

名次	選手姓名	國籍	完賽時間
1	John Hayes	美國	2:55:18
2	Charles Hefferon	南非	2:56:06
3	Joe Forshaw	美國	2:57:10
DQ（取消資格）	Dorando Pietri	義大利	2:54:46

　　值得一提的是，這屆參賽選手有了前幾次奧運前輩的經驗，除了安排助手協助補給與確保比賽過程安全外，也開始嘗試建立自己的補給策略，試圖解決馬拉松過程中水分與能量的消耗。（當時大會並不若現今的馬拉松賽事，會在固定的里程處設有官方補給站。）

　　可惜當時對於人類持續奔跑超過四十公里的身心反應研究並不多，也造成領先者 Hefferon 在距離終點前一英里左右，接受了路人提供的香檳，他以為喝下可以振奮自己疲憊的狀態；但事實上酒精反而會讓脫水狀態更嚴重，而香檳氣泡也無法轉換成正能量，後面的 Pietri 也趁此機會追上並超前。

一些有趣的後續事件

◎ 福爾摩斯探案的作者亞瑟‧柯南‧道爾（Arthur Conan Doyle），當時就在場內擔任工作人員，還為《每日郵報》寫了篇描述 Pietri 與 Hayes 最後這段賽事報導。

◎ 後來倫敦有一條路，為紀念這個事件而命名為 Dorando。

◎ 被取消資格的 Pietri，在奧運史上的名氣，遠勝於該屆馬拉松金牌 Hayes。

◎ 當時著名的美國作曲家（俄羅斯出生）——Irving Berlin，還寫了一首關於 Dorando Pietri 事件的歌，卻沒有人為 Hayes 寫歌。

◎ 銀牌得主 Hefferon，後來將他的兒子取名為 Marathon。

◎ John Hayes 參賽奧運前的身分是美國知名百貨公司 Bloomindale 的職員，在他奪金後，即傳出他是利用工作之餘在商場的屋頂訓練，事實上這很可能是公司的宣傳手法。但公司確實在奧運期間給他假期，並資助他前往參加比賽；得到金牌回來後，他也幫公司的運動用品部門帶來許多業績，這可算是運動員代言之先驅與運動行銷之雛形。

◎ 賽後不久，John Hayes 與 Dorando Pietri 都離開原本的工作轉為全職選手。

◎ 歷史上辦過奧運的場館大多還存在或原址改建，而一九〇八年的奧運主場館 White City Stadium，是少數已經完全拆除消失的地方。

8

一九一二斯德哥爾摩

　　一九一二年奧運會，來到北歐的瑞典斯德哥爾摩舉辦；來自日本的金栗四三（馬拉松）與三島彌彥（短跑），是首兩位參加奧運的亞洲選手。

　　奧運馬拉松賽事，歷經前四屆多位選手在比賽過程中，遭受因規畫不當或不良天氣環境影響之慘烈狀況後，仍選擇繼續舉辦。這次有六十八位選手出賽，來自十九個國家，於一九一二年七月十四日在北歐瑞典的仲夏午後開跑；雖在主辦單位努力籌備下，採取全程交通管制，賽前清掃並灑水，避免塵土影響；許多選手也戴上白帽、手帕等防曝曬道具，賽道兩側還有許多加油民眾，但仍不敵長時間在炎熱（三十二度）潮濕下高速奔跑的負荷，一半選手未能完賽（三十四人完賽），甚至發生了奧運史上首次選手在賽場上昏倒後死亡的事件。

　　南非選手 Ken McArthur 與 Christian Gitsham 拿下金、銀牌，美國最後一刻遞補參賽的年輕好手 Gaston Strobino 則拿下銅牌。

　　這回美國組了堅強的馬拉松隊伍，派滿十二位選手參賽（當時一個國家最多可派十二人）。上屆一九〇八年倫敦奧運冠軍

John Hayes 因已轉職業運動員無法參賽，但他改任助理教練；代表隊成員都是一時之選，包含一九〇八年倫敦奧運馬拉松銅牌 Joe Forshaw、波士頓馬拉松一九一一年冠軍 Clarence DeMar、一九一二年冠軍 Mike Ryan，兩位印地安原住民跑者 Lewis Tewanima、Andrew Sockalexis；最後一位入選者是年僅二十歲的 Gaston Strobino，他因有其他跑者放棄前往奧運而遞補。

英國則組了八人的隊伍，成員皆為近期在 Polytechnic Marathon[3]表現傑出的跑者，包含一九〇九年冠軍與一九一二年三到八名的選手。

芬蘭長跑好手 Hannes Kolehmainen 剛贏得本屆奧運五千公尺、一萬公尺、越野跑三面金牌，他的哥哥 Tatu Kolehmainen 則參加馬拉松比賽，也是賽前頗被看好的選手。

那個時代跨洲參賽選手都得長途跋涉，在長時間搭船、轉車（火車、汽車、馬車等）的情況下，因訓練空間的限制，很難維持狀況，抵達當地又得適應氣候環境飲食；當時的馬拉松選手們除了面對體能上的較勁外，勝出的關鍵或許更可能是身心適應調整的能力。

---

3 一九一二年奧運會前，在倫敦舉辦的 Polytechnic Marathon，前兩名分別是加拿大 James Corkery 與南非 Chris Gitsham，他們兩位也來到斯德哥爾摩奧運馬拉松賽場上。

比賽日期	1912年7月14日（日）13:48
比賽路線	起終點為斯德哥爾摩奧運體育場，折返點 Sollentuna 鎮。 （奧運馬拉松首次採用去回原路折返路線）
比賽距離	40.2公里
參賽選手	68位選手，來自19個國家。

比賽實況

　　起跑繞行四分之三圈跑道後，由地主選手 Alexis Ahlgren 率先離開體育場，代表日本的金栗四三則落在倒數第五位。五公里左右，Tatu Kolehmainen 追上 Ahlgren 取得領先；但最先抵達半程折返點（Sollentuna）的，是南非 Chris Gitsham（一小時十二分四十秒），緊跟其後是 Tatu，然後是 McArthur；其餘落後一分鐘內有五人，分別是英國 Fred Lord、義大利 Carlo Speroni、瑞典 Alexis Ahlgren、瑞典 Sigfrid Jacobsson、加拿大 James Corkery。

　　二十五公里時，芬蘭 Tatu 追上南非 Gitsham，兩人並肩跑了幾里路，直到 Tatu 在三十五公里時體力不支棄賽，而 McArthur 則在此刻追上同胞隊友 Gitsham。他們領先地主選手 Jacobsson 與賽前未受關注的美國選手 Gaston Strobino 超過一分鐘。

　　在距離終點體育場外幾公里處的坡段，Gitsham 停下來喝水，McAtrthur 趁機取得領先，率先進入體育場；他的狀況相較於上屆 Pietri 進會場時要好得多，兩位南非選手也先後通過終點，

拿下金、銀牌。銅牌意外由美國 Strobino 拿下；地主選手 Sigfrid Jacobsson 拿到第六名。美國隊雖拿下三、四、七、八、九、十名，但相較於上屆獲得金、銅牌，這個表現只能說差強人意。倒是年輕的銅牌得主 Strobino，像是美國馬拉松圈之幻影流星般的存在，奧運後就退休不再參賽，他運動生涯唯一參加的一場馬拉松賽就是一九一二斯德哥爾摩奧運馬拉松，並且拿下第三名。（美國奧運資格他是以半馬成績取得。）

名次	選手姓名	國籍	完賽時間
1	Ken McArthur	南非	2:36:54 創奧運紀錄
2	Christian Gitsham	南非	2:37:52
3	Gaston Strobino	美國	2:38:42
36	金栗四三	日本	54 年 8 月 6 天 5 小時 32 分 20 秒
DNF（未完成）	Francisco Lazaro	葡萄牙	死亡

這場賽事也不幸發生了奧運史上首件選手死亡的悲劇，葡萄牙選手 Francisco Lázaro 在三十公里時，因熱衰竭昏倒送醫，於隔天清晨死亡。從他通過折返點的影片顯示，他有停下來向工作人員要了水喝，可惜仍未能避免後來發生的憾事。

經過百年後回頭來看奧運馬拉松賽事，算是個很幸運的項目，即使當時出了人命，但後來的奧運會並沒有因此取消馬拉松比

賽，也成了少數從第一屆現代奧運開始，一直持續舉辦至今的賽事。

亞洲人首度參賽奧林匹克運動會

　　而代表日本參賽本屆馬拉松的金栗四三，途中也因中暑昏倒在賽道附近的農家；當他清醒時，賽事早已結束；由於他並未返回賽場向大會報告，最終被大會判定失蹤未完賽。出發前抱著日本體壇期望的金栗四三，無顏面對支助他前來的親友們；他在當時的日記中寫道——別人要笑就笑吧！未能完成奧運任務，深表遺憾，死不足惜；但尋死容易，活著困難；為了雪恥，我將抱著粉身碎骨的意志繼續鍛鍊馬拉松，於下次奧運揚我日本國威。

　　在歷經長程跋涉回到日本後，他分享自己的奧運經驗，並積極備戰四年後下屆一九一六柏林奧運，可惜後來因第一次世界大戰而取消。之後他繼續準備一九二〇奧運會，這場戰後的奧運會表現不如預期，但至少完成了賽事；一九二四年巴黎他則第三次參加奧運馬拉松，但未能完賽。

　　這長達十二年四次的奧運馬拉松挑戰史，過程並不如意，但金栗四三在歷經一九一二年奧運昏倒、一九一六年奧運又因世界大戰取消，在失去個人奮鬥目標的狀況下，轉而強化、提升日本長跑實力；他發想並親身試跑了「箱根驛傳」賽事，沒想到之後持續舉辦超過百年，成為日本長跑界最重要的資產。他也趁兩次到歐洲參賽的機會，至各國遊歷，學習歐洲的運動文化與知識，帶動了日本

女性運動及運動科學的發展，後來被尊稱為日本馬拉松之父。

　　一九六六年，瑞典電視台得知當時在斯德哥爾摩奧運馬拉松比賽記錄被記為失蹤的金栗四三仍健在，聯繫並為他提供了完成比賽的機會；七十六歲的金栗四三接受了邀請，於一九六七年三月二十一日跑完當年未完成的路段後，瑞典奧會宣布金栗四三以五十四年八個月六天五小時三十二分二十秒完成比賽，這成為奧林匹克競賽史上最慢的馬拉松比賽紀錄。金栗四三賽後感嘆地說，「真是一條長路，這期間我已經有五個孫子了。」

　　這巧妙的安排，也真是美事一件，不僅推廣奧林匹克精神，也彌補了運動員的一個遺憾。

9

一九一六柏林

　　一九一六年第六屆現代奧運會，原定在德國柏林舉辦，但一九一四年第一次世界大戰爆發，國際奧會原本認為戰爭不會持續到一九一六年，但最後還是因戰爭而取消了比賽，也是一八九六年古柏坦復興古奧林匹克運動會之後，首度停辦這四年一度的運動賽事。

　　這一年雖然沒有舉辦競賽，但奧運的屆數仍列入計算，原因在於 Olympiad 這個字，其實可看成是個紀年單位，一個 Olympiad 是四年，所以現代奧運自一八九六年復興起，第六個 Olympiad 仍存在於一九一六年，只是沒有舉辦運動會。另一個保留屆數的原因，也在讓世人不要忘記戰爭所帶來的影響；柏林錯過了這次機會，一直要等到二十年後的一九三六年，才真正舉辦了奧運會。

箱根驛傳的誕生

　　一九一六年既然沒有舉辦奧運會，自然也不會有馬拉松賽事，上屆首次參賽但未完賽的日本選手金栗四三（一八九一年出生），當年二十五歲正值選手黃金期，也因此失去一次雪恥、證明自己的機會。不過也是因一九一六年奧運停辦，間接造就了箱根驛傳的誕生。

　　金栗四三在確定無奧運可比，極度失望之餘，仍重新振作起來，繼續為四年後一九二〇奧運會準備；有感於馬拉松運動在日本尚未普及，他開始在日本國內各處奔跑推廣；也因自己一個人訓練實在太辛苦，開始構思如何培養後輩，期待到了一九二〇年時，日本不只有他一人前往奧運。

　　一九一七年為日本遷都東京五十周年（從京都遷到東京），當時舉辦了博覽會，其中有個活動，是由讀賣新聞社規畫了日本首個驛傳比賽「東海道驛傳徒步競走」[4]，從京都三条大橋出發，途經五十三個驛站，分成二十三個接力區，跑到東京上野不忍池，是關西與關東隊伍的競賽，金栗四三當時代表關東出賽，這也是他後來在一九二〇年籌辦第一屆箱根接力賽的靈感起源。接力賽團體競賽的氛圍，讓長跑運動不再那麼個人與孤單，也帶動了日本長跑運動

接下來的發展。

　　另外一九一六年的柏林奧運，還首次規劃了冬季運動週的活動，競賽項目包含競速滑冰、花式滑冰、冰上曲棍球、北歐式滑雪，雖因戰爭沒辦成，但這個想法促成了一九二四年在法國夏慕尼首次舉辦的冬季奧運會。

　　奧林匹克之父古柏坦也因這次戰爭影響，在一九一五年時將國際奧會的檔案室，移往中立國瑞士的洛桑，這也成為後來國際奧會總部會設在洛桑的原因之一。

　　一場因戰爭沒有舉辦的奧運會，卻直接和間接影響了一些事，如同蝴蝶效應所說的：一個微小變化，卻帶動整個系統長期且巨大的連鎖反應；沒有這次的停辦，或許就沒有一九二○年的箱根接力賽，更沒有日本後續長跑運動的發展，國際奧會總部也不會落腳在瑞士洛桑了。

---

4 在十九世紀末期的明治維新，日本把首都從京都遷至東京，為了紀念這次的首都遷移，日本報紙《讀賣新聞》在一九一七年舉辦了一次長達五○八公里的長跑比賽「東海道驛傳徒步競走」，按照江戶時代的貿易路線，從京都出發沿着東海道一路跑到東京。各隊選手們在三天三夜接力奔跑後完成，活動吸引了沿線居民的關注，取得空前成功。驛傳一詞也從當時開始演變成運動用語，現京都三条大橋旁亦豎立「驛傳之碑」。

◎ 一九一〇年南非雖成立聯邦，獲得名義上的獨立；但實質上一九一二年時仍屬於英國海外領土之自治領地。

◎ 加拿大在這個時期，也是英國之海外自治領地，一直要到一九三一年才確立其獨立性。

◎ 於是，在古柏坦復興現代奧運會的初期，最積極參與奧運會的非主辦國就屬英國（包含加拿大、南非等海外領地）與美國。

◎ Polytechnic Marathon 是歐洲最具歷史的馬拉松賽事，於一九〇八年倫敦奧運之後，開始每年於倫敦舉辦（簡稱 Poly Marathon），其地位相當於美國在一八九六雅典奧運之後舉辦的波士頓馬拉松。

Chapter 3

發展
（一九二〇～一九四四）

奧運五環的 LOGO，在一九二〇年比利時安特衛普奧運會首次亮相，然後延續至今，它也成了世界上知名度最高的品牌標誌。設計者是現代奧林匹克之父古柏坦，五環的顏色分別為藍黑紅黃綠[5]，靈感來源是所有參賽國國旗組成顏色的集合，交疊的圓圈也象徵五大洲的交流與團結；奧運會也逐步向成為全球參與最廣之活動的目標邁進。

雖說奧林匹克運動會歡迎世界各國選手參與，但在發展過程中，仍歷經了幾次衝突與改革；從早期的有色人種、女性參賽、殖民選手、戰爭對立，到後來冷戰時期互相杯葛，再到近期的兩性平權、LGBT 認定等議題，國際奧會與奧運會一直跟著時代在進化與調整，甚至走在世界的最前端。

---

5 在一九五一年之前，國際奧會官方手冊曾指奧運五環分別象徵著五個大洲：藍色代表歐洲，黑色代表非洲，紅色代表美洲，黃色代表亞洲，綠色代表大洋洲；但之後這句話被從官方手冊上移除，理由是沒有證據顯示古柏坦在創作五環時有過這樣的想法，但其實也無法證明他沒有這麼想。國際奧會不想以顏色來代表各地區與人種，主要考量應是避免觸動敏感的種族歧視議題。

10

一九二〇安特衛普

一九一八年第一次世界大戰結束，國際奧會決定兩年後的一九二〇奧運會，在比利時安特衛普舉行。

比利時在一次大戰時扮演了重要的戰略角色，德國需穿過比利時（當時為中立國）去攻打法國。當德國出兵入侵（借道）比利時時，他們可選擇不抵抗直接讓路，或者起身捍衛其獨立地位；最終他們選了後者，成為大戰初期西線的主要戰場，但也因此為英法爭取了更多整軍備戰的時間。

歷經四年戰爭後，國際奧會與比利時政府，有意透過運動會的舉辦，讓人民忘卻戰時的不安與恐慌，期許生活逐漸復甦與回歸正常。

雖說奧林匹克運動會本是歡迎世界各國選手參與，但因國際奧會認為一次大戰是同盟國挑起的戰爭，違反奧林匹克和平的精神，於是本屆直接擺明不邀請屬於同盟國的德國、奧匈帝國、保加利亞、土耳其等國的運動員參加。

這屆奧運除了奧運五環的問世外，在開幕典禮時加入運動員宣誓的儀式，也是從這時開始的。

巧合的是，一九二〇年安特衛普奧運舉辦前，世界正經歷西

班牙流感疫情，兩年多來，全球四分之一的人口感染，上千萬人死亡；沒想到一百年後的二〇二〇年東京奧運，也遇上了新冠疫情。

馬拉松賽事

比賽日期	1920 年 8 月 22 日 16:12
比賽路線	起終點皆在 Beerschot Studium，繞行 1.5 圈後，離開體育場；折返點設在 Kontich 村的 Reepkens Chapel 教堂；原路折返回到體育場，再跑 1.5 圈後回到終點。
比賽距離	約 42.75 公里，是奧運歷史上最長距離的馬拉松。
參賽選手	來自 17 國家 48 人，35 人完賽。一個國家最多 4 位選手參賽，遠低於過往，1908、1912 年時，一個國家可派到 12 位選手。
氣　　候	涼爽，也是奧運馬拉松自 1896 年以來，首次在較適合耐力賽事的天候下進行。

　　安特衛普奧運馬拉松賽前受矚目的選手有：一九一二年奧運銀牌得主南非 Christian Gitsham、芬蘭 Kolehmainen 兄弟——Hannes Kolehmainen（一九一二年奧運三金得主——五千公尺、一萬公尺、越野跑）、Tatu Kolehmainen（一九一二奧運馬拉松一度領先，可惜後來未能完賽）、一九一六年美國波士頓馬拉松冠軍 Arthur Roth、一九一九波馬冠軍 Carl Linder。另外八年前未完賽的日本金栗四三，則與另三位同胞選手一同前來挑戰。

　　最終由芬蘭 Hannes Kolehmainen 獲得金牌，這是他第四面

奧運金牌。

這屆賽事馬拉松距離達四十二點七五公里，是奧運史上最長距離的馬拉松（一九二四年巴黎奧運起固定為四十二點一九五公里）。賽事起終點設在 Beerschot 體育場，路線經過 WILRIJK、AARTSELAAR、REET、RUMST、WAARLOOS、KONITICH（折返點）等地，然後原路返回體育場終點。

雖然是距離最長的一屆（比之前多了五百到兩千公尺），但因當日氣溫較先前各屆比賽時涼爽許多，還微微飄雨，非常適合跑馬拉松；第一名完賽成績竟優於過去距離較短的各屆冠軍，創下新的奧運紀錄。

一九一二年奧運銀牌南非 Christian Gitsham，在好幾周前就來到安特衛普熟悉路線並進行訓練，這讓他在一開賽就取得領先；他與地主比利時選手 Auguste Broos 在第一個檢查點三公里處為共同領先者。

十公里時，Gitsham 仍在前方領跑，後方的跟隨者，加入芬蘭 Hannes Kolehmainen 與義大利 Ettore Blasi。

十五公里時，芬蘭人追上 Gitsham；比利時 Broos、義大利 Blasi、芬蘭 Juho Tuomikoski、愛沙尼亞 Juri Lossman 則形成第二集團跟在兩位領先者後方；另一位義大利人 Valerio Arri 這時排在第九。

南非 Gitsham 與芬蘭 Kolehmainen 抵達半程折返點的時間為一小時十三分十秒，追趕集團（比利時 Broos、義大利 Blasi）落後達四十八秒，愛沙尼亞 Lossman 超越體力衰退的芬蘭 Tuomikoski

獨居第五。

　　二十五公里時，領先者不變，Lossman 則來到第三，Broos 與 Blasi 已因疲憊而掉速。

　　二十七公里時，與 Gitsham 一起跑了將近十五公里的 Kolehmainen 逐漸拉開差距單獨領先。

　　三十公里時，領先跑者依序排列為 Kolehmainen—三百公尺— Gitsham—五百公尺— Lossman—Broos。

　　三十七公里時，Gitsham 因腳傷嚴重掉速，由第二落到第五名，然後退出了比賽。Lossman 升至第二，且狀態仍然很好，甚至還加速，打算追上 Kolehmainen；Kolehmainen 必須拿出破世界紀錄的配速才能避免被超越，最終只險勝十三秒，是當時奧運馬拉松賽事前兩名最接近的一次；Lossman 賽後宣稱，若不是愛沙尼亞當天沒有任何隊友在過程中協助他，無人提醒他終點即將到達，他肯定能追上並獲得金牌。

　　銅牌之爭也極為精彩，原位在第九名的義大利人 Arri，在最後階段一連超越六人拿下第三，他對自己表現非常滿意，在通過終點後還高興地做了三次側手翻以示慶祝。

比賽結果

名次	選手姓名	國籍	完賽時間
1	Hannes Kolehmainen	芬蘭	2:32:35
2	Jüri Lossman	愛沙尼亞	2:32:48
3	Valerio Arri	義大利	2:36:37

　　地主選手 Auguste Broos 拿下第四，前幾屆表現優異的美國選手，這次僅拿到第七名。前十名有四位來自芬蘭，其中 Kolehmainen 兄弟檔分別拿下第一與第十名。

　　一九一二年未能完賽、一九一六年因戰爭無法出賽的日本選手金栗四三，在一九二○年二月規劃了第一屆的箱根驛傳，這場驛傳比賽也成了同年八月安特衛普奧運馬拉松日本代表的國內選拔賽，共選出四位選手出征比利時，完成名次與時間如下：

名次	選手姓名	完賽時間
16	金栗四三	2:48:45
20	茂木善作	2:51:09
21	八島健三	2:57:02
24	三浦弥平	2:59:37

這是金栗四三首次在奧運馬拉松完賽。

不知道這場戰後的奧運會，到底有沒有為比利時或歐洲各國人民帶來復甦與新希望，但至少老天在馬拉松賽事這天給了個好天氣，跑者不再受高溫、惡劣賽道環境、差勁規劃之苦，能以實力分高下，創下破紀錄的好成績。

---

* 一九二〇年第一次大戰後的奧運會，原先是在奧匈帝國的布達佩斯舉辦，但因戰時德國、奧匈帝國、保加利亞和鄂圖曼土耳其帝國皆為同盟國成員，而主導國際奧會的英國、法國、美國、希臘屬協約國，決定將地點改到一戰時受害嚴重的比利時安特衛普舉辦，想透過運動會讓人民感受到戰後生活的逐漸復甦。

標準馬拉松距離的建立

一九二一年，國際田徑協會（International Amateur Athletic Federa-tion，IAAF）在日內瓦舉辦的年會上，正式定義奧運馬拉松賽事為四十二點一九五公里（二十六英里三八五碼），這個距離是一九〇八年倫敦奧運馬拉松比賽時的長度；當時並沒有特別紀錄說明訂定標準的原因，有一說法認為在討論此項議題時，是由 IAAF 英國籍的委員主導，他們試圖藉此擴大宣傳一九〇八年倫敦奧運馬拉松在歷史上的重要性。那時也曾討論是否將每屆各國最多參賽人數由六人降到三人，但並沒有通過；一直到一九三二年時，才再次提案並通過降為三人，並延續此一規定至今。

11

一九二四巴黎

二○二○東京奧運之後，下次將是二○二四巴黎奧運，國際奧會與籌委會為擴大民眾參與，已預告將於馬拉松比賽日，開放有限名額的市民跑者（透過各式活動取得資格），與奧運選手同場出發，跑一樣路線、感受一樣氣溫、體驗奧運群眾氛圍。

這是馬拉松比賽相較於其他競技運動項目不同的地方，一般素人跑者竟然有機會與奧運等級的菁英選手同場競技，儘管完賽時間差了很多。

而一百年前一九二四年的奧運會，剛好也在法國巴黎舉辦，這也是國際田徑協會（IAAF）正式定義馬拉松距離後的第一場奧運馬拉松賽事。

一九二四年奧運會，原規劃在荷蘭阿姆斯特丹舉行，但後來為配合現代奧運之父、當時國際奧會主席古柏坦爵士將於一九二五年卸任的計畫，阿姆斯特丹奧運主辦方同意延後至一九二八年舉辦，讓主席任內最後一屆奧運會，能在其家鄉法國巴黎舉行；這是巴黎相隔二十四年第二次辦奧運，也是奧運史上首個兩度舉辦奧運的城市。

再隔百年後的巴黎將第三度舉辦奧運會，也是繼倫敦後，第

二個三度舉辦的城市，二○二八年洛杉磯將成為第三個。

一九二四年奧運會，也是知名電影《火戰車》（Chariots of Fire，一九八一年英國出品）所描述的那屆奧運，該電影講述兩名參與巴黎奧運的英國運動員 Harold Maurice Abrahams 及 Eric Henry Liddell 的故事，他們在那些年是如何克服困境，努力成為奧運選手，最終分別贏得徑賽一百公尺與四百公尺金牌。

希臘配樂家范吉利斯為電影創作同名配樂。二○一二年倫敦奧運會開幕式中將電影橋段與配樂納入，由「豆豆先生」（Rowan Atkinson）彈奏鋼琴搞笑演出，並用影片合成技術，重現片中跑者沙灘練跑的畫面。

第一屆冬季奧林匹克運動會於同年一九二四年一月二十五日在法國的夏慕尼舉行。開啟冬季奧運會的序章，之後與夏季奧運同樣每四年舉辦，直到一九九二年最後一次同年舉辦。一九九四年起國際奧會刻意將夏季、冬季奧運舉辦年錯開，形成每兩年夏、冬奧運交替的節奏，希望藉此增加冬季奧運的關注度。

比賽日期	1924 年 7 月 13 日 17:00（原訂 15:00）
比賽路線	起終點皆為 Colombes Stadium，往巴黎西北方跑，採去回原路折返路線。
比賽距離	第一場依照標準馬拉松距離舉辦的奧運馬拉松，也是奧運史上第二次採用 42.195 公里為比賽距離（第一次是 1908 倫敦奧運）。
參賽選手	20 個國家 58 位跑者參賽，每個國家參賽人數不得超過 6 人。

來自芬蘭的 Albin Stenroos 獲得金牌，是奧運馬拉松史上，繼一九〇四聖路易、一九〇八倫敦連兩屆由美國選手獲得優勝後，再一次由同國家選手完成連霸（一九二〇安特衛普、一九二四巴黎）。

芬蘭代表隊成員還有上屆冠軍 Hannes Kolemainen，可惜他未能完賽。芬蘭國內選拔賽冠軍 Wilhelm Kyrönen 也未能跑完。

上屆亞軍愛沙尼亞 Jüri Lossmann 也來了，最後以第十名完賽；法國 Boughera El Ouafi 首次參加奧運會，以第七名作收，不過他在下一屆一九二八年阿姆斯特丹奧運馬拉松拿下金牌。

美國隊領頭的是一九一一、一九二二、一九二三、一九二四四屆波馬冠軍、一九一二年斯德哥爾摩奧運（第十二名）Clarence DeMar，後來他又贏得三次波馬冠軍，分別為一九二七、一九二八、一九三〇，累計七次為波馬史上最多。也因其優異的馬拉松戰績，民眾將其名與馬拉松結合，取了個綽號為 Mr. DeMarathon。這次相隔十二年，再次參加奧運馬拉松。

其他隊友還包括曾參與一九二〇年安特衛普奧運（第十二名完賽）的 Charles Mellor、一九二一波馬冠軍 Frank Zuna。

英國代表則有奧運選拔賽一九二四 Polytechnic Marathon 冠軍 Duncan McLeod Wright。

日本隊則是金栗四三（一九一二、一九二〇奧運馬拉松參賽，第三度挑戰奧運）、三浦彌平（一九二〇奧運馬拉松參賽）、田代菊之助（首次參賽）。

比賽當天，天氣炎熱，大會考量前些天一萬公尺越野賽有許

多選手因高溫不適而送醫，決定將賽事延後兩小時起跑。

前段領先者是希臘 Alexandros Kranis。法國 Georges Verger 則在二十公里時取得領先；前來衛冕的 Hannes Kolehmainen 則很早就失去競爭力落在後方。但如同前幾屆的賽況，這些初期的領跑者，後來都付出前段超速的代價，無法維持配速，有很高比例未能完賽；此屆最後完賽的前六名，僅 DeMar 在十一公里處就居第二，其餘跑者都是落在十名之後，然後一步步提升名次，加上前面選手棄賽，最後獲得好成績。

二十一公里折返處，芬蘭 Albin Stenroos（一小時二十分六秒）超越法國 Verger 並強勢領跑，就此一路獨走，以領先第二名達六分鐘的成績，輕鬆贏得勝利。

二十七公里處，第二領先群形成三人集團，包含美國 DeMar、芬蘭 Lauri Halonen、義大利 Romeo Bertini，銀、銅牌將由此三人競爭。最後 Bertini 獲銀牌，DeMar 則以一分鐘差獲得銅牌。

這屆賽事仍因天氣炎熱（雖已延後兩小時起跑）與彎曲道路，僅三十人完賽；日本隊三位代表皆未完成，這也是日本馬拉松之父金栗四三最後一次參加奧運。

比賽結果

名次	選手姓名	國籍	完賽時間
1	Albin Stenroos	芬蘭	2:41:22
2	Romeo Bertini	義大利	2:47:19
3	Clarence DeMar	美國	2:48:14
4	Lauri Halonen	芬蘭	2:49:47
5	Sam Ferris	英國	2:52:26
6	Manuel Plaza	智利	2:52:54
7	Boughéra El-Ouafi	法國	2:54:19
8	Gustav Kinn	瑞典	2:54:33
9	Dionisio Carreras	西班牙	2:57:18
10	Jüri Lossman	愛沙尼亞	2:57:54
DNF	Hannes Kolehmainen	芬蘭	（上屆金牌）
DNF	金栗四三	日本	－
DNF	三浦彌平	日本	－
DNF	田代菊之助	日本	－

芬蘭飛人

奧運會的長跑競賽領域，在非洲國家選手崛起之前，首個有較明顯優勢的強權，是北歐的芬蘭，幾位著名長跑選手則有著「芬蘭飛人」（Flying Finn）的美譽。

芬蘭位處北歐，一九一七年才從俄羅斯帝國中獨立出來，而芬蘭飛人在奧運中長跑運動項目受到矚目，就是從這時候開始。

奧運馬拉松頒獎台上，飛人們從一九二〇安特衛普到一九三二洛杉磯奧運，連續四屆奪牌——共由四位不同選手取得二金二銅。這段時期芬蘭飛人們在奧運一萬公尺的賽場上，表現更是優異，一九二〇～一九三六五屆奧運共計十五面獎牌中，他們誇張地拿下四金、三銀、三銅的十面牌，囊括高達三分之二的獎牌，可稱得上是全面制霸。

芬蘭飛人並不是指某位特定選手，而是代表一群有傑出表現的芬蘭中長跑運動員。

Hannes Kolehmainen 是最先闖出名氣的代表，他在一九一二年瑞典斯德哥爾摩奧運會，拿下五千公尺、一萬公尺、越野跑個人賽三面金牌，並在八年後的安特衛普奧運會，再拿下馬拉松金牌。

第二位飛人是 Paavo Nurmi，他在參與的三屆奧運賽場上，共拿下九金三銀，包含一九二〇安特衛普奧運會一萬公尺、越野個人賽、越野團體賽金牌、五千公尺銀牌；一九二四巴黎奧運一千五百公尺、五千公尺、越野個人

賽、越野團體賽、三千公尺團體賽金牌；一九二八阿姆斯特丹奧運一萬公尺金牌、五千公尺和三千公尺障礙賽銀牌。

第三位飛人是與 Paavo Nurmi 同時期的 Ville Ritola，他們是隊友也是競爭對手。Ville Ritola 曾參與一九二四、一九二八奧運也拿下了五金三銀，包含一九二四巴黎奧運一萬公尺、三千公尺障礙賽（3000 m steeplechase）、三千公尺團體賽（3000 m team）、男子團體越野賽（Team cross country）四面金牌，男子個人越野項目（Individual cross country）、五千公尺兩面銀牌；一九二八阿姆斯特丹一萬公尺銀牌、五千公尺金牌。

一九三〇年代則由 Volmari Iso-Hollo 接手，他於一九三二、一九三六連兩屆奧運，在三千公尺障礙賽連續奪金，另外還拿到一萬公尺銀（一九三二）、銅牌（一九三六）。

後來二次大戰爆發，或許受到戰爭影響，加上東非選手開始參與奧運中長距離賽事，戰後芬蘭飛人的優勢不再；但即使如此，七〇年代還是出了位奧運四金得主 Lasse Virén，他在一九七二慕尼黑、一九七六蒙特婁兩屆奧運，囊括五千公尺、一萬公尺四面金牌，也是最後一位芬蘭飛人的代表。

12

一九二八阿姆斯特丹

　　處在二十一世紀的我們，已形成一種直覺——認為奧運馬拉松金牌好像都是非洲選手的囊中物。實際翻開奧運馬拉松冠軍歷史——二〇〇〇衣索比亞、二〇〇八肯亞、二〇一二烏干達、二〇一六肯亞、二〇二〇肯亞，確實近六屆奧運男子馬拉松，僅有二〇〇四年雅典奧運是由義大利選手奪金，非洲強大的長跑實力，似乎只有轉籍代表別國的自己人能比！

　　奧運發源於歐洲，早期跨洲交通費時不方便，參與奧運馬拉松的選手自然以歐洲人為主，加上一些來自大英國協相關地區或國家的選手（如美國、加拿大、南非等）。亞洲人首次參賽是日本金栗四三在一九一二年瑞典斯德哥爾摩奧運。雖說非洲國家首次參加奧運馬拉松是早在一九〇四年聖路易奧運的南非選手；但如今大家熟知的東非馬拉松強國——衣索比亞、肯亞等國的選手，是直到一九五六年墨爾本奧運時才首次亮相。

　　而首位拿到奧運馬拉松金牌的非洲人，若以其代表國籍來說，是一九一二斯德哥爾摩奧運會代表南非的 Ken McArthur，但他其實是出生於愛爾蘭的白人，後來移民到南非，而當時南非是英國屬地，他以南非代表隊的身分參與奧運。

若以出生地來看，首位生於非洲的奧運馬拉松金牌，則是一九二八阿姆斯特丹奧運會代表法國出賽的 Boughera El Ouafi；他出生於北非的阿爾及利亞，當時阿爾及利亞是法國屬地，他因故搬到法國，因此穿著法國隊服出賽。

　　而衣索比亞首次奪牌則是一九六〇羅馬奧運馬拉松金牌阿貝貝（Abebe Bikila），他也是首位代表非洲國家且出生於非洲的奧運馬拉松冠軍。肯亞則要到一九八八年，才由 Douglas Wakiihuri 拿下首面銀牌。

　　一九二八年阿姆斯特丹奧運會，是聖火首次在奧運期間點燃，也是首次於開幕式運動員進場時，安排奧運發源地希臘代表隊領銜，地主國壓軸的順序；其餘代表隊依主辦國語言字母排序進場。

　　比賽首次出現跑道一圈為四百公尺的田徑場，並增設女子田徑項目，包含一百公尺、八百公尺、四百公尺接力、跳高、鐵餅。

　　當年美國代表隊直接從紐約搭一艘郵輪前來，停靠在港口後，奧運期間選手們就住在上面，吃熟悉食物、使用順手的訓練器材；最後也贏得該屆最多面的金牌。

比賽日期	1928年8月5日 15:14
比賽路線	起終點為奧林匹克運動場，屬去回路線 (out-and-back)，但在半程折返段與回到運動場前，都有繞一小圈，非完全去回一樣路線，全程地勢平坦。 每五公里以荷蘭國家色之橘旗標示；每個轉彎都有裁判揮著藍旗引導；軍方也支援通訊設備，將領先者的訊息傳回。
比賽距離	42.195公里
參賽選手	來自23國的69選手，是當時奧運馬拉松最多人參賽的一次，也創下歷屆最高完賽率 (57人完賽，83%)。其中51位來自歐洲 (17國)、13位來自北美、3位來自日本、1位南非、1位南美。賽前並沒有特別看好具明顯優勢的選手。
氣　　候	氣溫涼爽、風勢強 (去順風、回逆風)、濕度高。

　　去回路線上，官方設置了五個補給站，這是奧運馬拉松史上第一次選手可以準備自己的特製補給飲料，交由大會，擺放至指定補給站。

　　比賽快轉到最後五公里，領先集團包含代表法國 Boughera El Ouafi、智利 Manuel Plaza、美國 Joie Ray、芬蘭 Martti Marttelin、日本山田兼松共五人。Ray 率先發動攻勢，但沒多久就被追回並超越，以第五名通過終點。山田接著衝到最前領跑，可惜因抽筋而倒地，雖經助手按摩後爬起來完賽 (當時幸運地未被裁判取消資格)，最後以第四名坐收。El Ouafi 與 Plaza 則先拉開與 Marttenlin 的距離，在進入體育場前，El Ouafi 加速甩開 Plaza，以二十六秒

優勢贏得金牌；智利選手 Manuel Plaza 獲銀牌，是南美洲第一面奧運馬拉松獎牌；芬蘭 Marttelin 奪銅牌，也是芬蘭選手連三屆獲得獎牌。

日本拿下第四、六名，山田兼松一直到最後五公里才掉出獎牌榜，創下過去日本馬拉松之父金栗四三沒能達到的成就。

本屆金牌與銅牌得主，竟後來都遭人槍殺結束生命；Bouguera El Ouafi 在一九五九年六十一歲生日後幾天，遭人開槍射擊身亡，被殺的原因眾說紛紜；Martti Marttelin 則是一九四〇年二戰時，於芬蘭與蘇聯的戰爭中喪生，享年四十三歲。

13

選手國籍爭議

奧運馬拉松發展初期，因交通不便，加上要面對四十公里長距離的挑戰，會報名參與的人，有高比例是熟悉路線環境的地主選手。像是首屆雅典奧運，站上馬拉松起跑線的十七位選手中，有十三位是希臘人；一九〇〇年巴黎奧運的十三位選手裏，五位是法國人；一九〇四聖路易奧運，三十二名選手起跑，其中十八位是美國人。

那個時期對於選手資格與國籍認定，不像現代清楚嚴謹，於是才會發生一九〇〇巴黎奧運馬拉松冠軍 Michel Théato 的烏龍事件；這位居住在巴黎、平日以送麵包為職業的男子，原先被認定為地主法國拿下首面馬拉松金牌，怎料在將近百年之後，歷史學家發現其實他出生於盧森堡大公國，且一生從未入籍法國，於是盧森堡向國際奧會提出變更要求，但遭到拒絕，直到二〇二一年才同意更正，將這面金牌從法國改給盧森堡，這也成為該國奧運史上首面獎牌，且在奧運馬拉松排行榜上，因這面金牌而名列前茅。

那個年代還存在部分殖民地與統治國的關係，如大英國協成員的南非、加拿大、澳洲，日據時代的台灣、韓國。

大英國協部分，其殖民地選手在參與奧運時，採用的是當時

殖民地的國旗與符號，與大英國協分屬不同的隊伍，所以對日後的各項統計來說相對單純。

但日本佔領時期的台灣與韓國，那時出生在台灣或韓國的選手，若入選奧運代表隊，穿的是太陽旗比賽服，代表的是日本。成績不好沒拿牌也就算了，怎知在一九三六柏林奧運馬拉松賽場上，來自朝鮮卻代表日本的孫基禎與南昇龍，分別拿下金、銅牌，都站上了頒獎台。當時孫站上台領獎時，低著頭漠視日本國旗的升起，還刻意用手中花束遮住運動服上的太陽旗 LOGO，可見其並非自願與認同代表日本參賽。這尷尬的場合，似乎就此成了日本男子馬拉松在奧運賽場上的魔咒。之後幾次在奧運金牌的爭奪中都鎩羽而歸；令人印象最深且最接近優勝的一次，是一九九二年巴塞隆納奧運，決勝階段前兩名之爭，剛好就是日本森下廣一、韓國黃永祚兩位選手，最後由韓國黃永祚以二十二秒之差贏得金牌，而黃永祚正是由孫基禎帶出來的選手。

雖然日本後來在二〇〇〇、二〇〇四連續拿下兩面女子奧運馬拉松金牌，但男子選手卻是從孫基禎之後，就再也沒能奪金，僅拿下二銀（一九六八、一九九二）、一銅（一九六四）。

第一位參賽奧運的中國人、台灣人——劉長春、張星賢

一九三二年洛杉磯奧運,也是第十屆的奧運會,是繼一九○四聖路易之後,奧運會第二次離開歐洲,也是第二次在美國舉辦。

劉長春成了中國(中華民國)第一位奧運參賽者。生於台灣但代表日本的張星賢,則是第一位出賽奧運的台灣人。

一九三○年中國第四屆全國運動會上,代表華北遼寧省的劉長春,囊括了一百公尺、兩百公尺、四百公尺冠軍,震驚中國體育界,十秒七的百公尺紀錄,後來保持了二十五年沒人能破。

日本侵華,一九三一年九一八事變後東北淪陷,隔年洛杉磯奧運即將舉辦,日本人看上在田徑場上表現精采的劉長春,於是在日本人控制的《泰東日報》上,發佈劉長春將代表滿州國參加洛杉磯奧運會的新聞,隨後《朝日新聞》也轉載了這則「消息」。

許多人看到報導後,都罵劉長春背叛祖國。劉為粉碎日本陰謀,立即表態明志,於《大公報》上發表聲明:「我是中華民族炎黃子孫,絕不代表偽滿州國出席第十屆奧林匹克運動會。」

當時中國正面臨內憂外患,本無計畫參與此屆奧運會,但為解決劉長春事件,決定由當時東北三省最高軍事統帥張學良資助旅費,並由全國體育協進會緊急打電報給奧運組委會,在最後一刻替劉長春完成報名。

當年中華民國代表隊僅劉長春一人，劉搭郵輪花了二十一天才在開幕前一天抵達美國，參加完開幕，隔天就進行一百公尺比賽，未能發揮實力，預賽即被淘汰。

張星賢則生於日據時期台中廳，後赴日就讀早稻田大學商學部，活躍於日本田徑圈；在洛杉磯奧運選拔賽時，以四百公尺中欄與一千六百公尺接力兩項目入選日本奧運代表團，成為第一位入選奧運的台灣人。

張報名洛杉磯奧運會的四百公尺跨欄項目，出賽時間比參加一百公尺的劉長春還早，可說是第一位參加奧林匹克運動會的華人；比賽成績為分組第四，未能晉級複賽。

當時的奧運會除了歐洲與北美國家較熱衷參與外，其餘地區大概就是日本最為積極；這兩位華人的參賽，也都跟日本有關。

有趣的巧合是，張星賢在比完奧運、早稻田大學畢業後，考到南滿鐵道株式會社，來到了滿州國的大連。沒想到兩位最早參加奧運會的華人，竟也都與滿州國相關。

14

一九三二洛杉磯

　　這屆奧運對於居住在美洲之外的選手來說，困難重重；除了得跨海參賽，還面臨了世界經濟大蕭條的窘境；加上一九三〇年已通過每個國家最多只能派三名選手出賽（原規定為六位），導致這屆馬拉松僅有二十八位選手出賽，來自四大洲十四個國家。

　　僅有五個國家派滿三位選手，分別是阿根廷、芬蘭、日本、加拿大、美國。這次沒有任何非洲國家的選手出賽。

　　重點選手包含上屆奧運第六名的日本津田晴一郎、第八名英國 Sam Ferris、第九名美國 Albert Michelsen、第十名加拿大Clifford Bricker。

　　另外芬蘭飛人 Paavo Nurmi（已於一九二〇、一九二四、一九二八這三屆奧運已拿下九面長距離金牌），本要在這屆首次挑戰馬拉松賽事，企圖拿下第十面金牌後退休。他已完成報名並進駐選手村，但賽前幾天遭國際田聯否決其出賽資格，認為他曾收受過多費用，違反奧運由業餘運動員參賽的規則。

　　當時其他選手並不反對與其比賽，甚至為 Nurmi 請願，他自己也認為有機會以五分鐘之優勢獲勝，可惜仍遭田聯瑞典籍的主席拒絕，也讓 Nurmi 留下未能在奧運馬拉松奪金的遺憾（據傳當時

是瑞典與芬蘭關係不睦導致）。

　　賽事最終由阿根廷 Juan Carlos Zabala 拿下金牌，是該國首面馬拉松金牌；英國 Sam Ferris 贏得銀牌，也是英國首面馬拉松獎牌；芬蘭 Armas Toivonen 獲銅牌，是芬蘭連續四屆在奧運會拿到馬拉松獎牌。

比賽日期	1932 年 8 月 7 日 15:30
起 終 點	The Los Angeles Memorial Coliseum
路　　線	去回路線（Go and back）不是原路折返型，而是繞巡洛杉磯市區一圈回到體育場。

　　當時的馬拉松賽事並非單獨進行，馬拉松比賽安排在田徑賽事的最後一天，選手於田徑場起跑，繞行跑道出場後，此時場中同時進行其他田賽項目，觀眾可以一邊觀看場內比賽，一邊靠大會設置的五個無線電通訊站，了解馬拉松即時賽況。

　　比賽開始，阿根廷年輕好手 Zabala 即取得領先；十四點四公里時，墨西哥 Pomposo 短暫超越 Zabala；不過在十五點二公里時，Zabala 就反超回來，而 Pomposo 沒多久就落到後方，失去比賽競爭力。

　　二十三點二公里處，Zabala 仍跑在最前頭，排名第二的是芬蘭 Lauri Virtanen，落後約六十秒，再三十秒後則是居第三的芬蘭 Armas Toivonen，第四是日本的津田。

二十五點六公里處，Virtanen 發動攻勢，超越 Zabala；他一直維持領先到三十一點二公里，此時排名依序是芬蘭 Virtanen、阿根廷 Zabala、芬蘭 Toivonen、英國 Wright、日本津田、英國 Ferries。

　　Wright 賽前策略，是要在三十二公里處取得領先，然後維持到終點；比賽時他也確實執行戰術，從第四位加速衝到前方領跑，Virtanen 則因先前的攻勢，體力過度消耗而慢下來，最後在三十七公里處退出比賽；這時奪牌的最後競爭者剩下五人依序是 Wright、Zabala、Toivonen、津田、Ferris。Wright 雖依擬定的戰術執行，但卻無法堅持住這領先的配速而慢了下來，三十四點八公里處，Zabala 超越了 Wright，Ferris 超過了津田，比賽剩下最後三公里多，第一名和第五名時間差距不到三分鐘；此時除了暫居第四的 Ferris 顯得仍有餘力，其他人都跑得掙扎；Ferris 持續加速，與勉力維持配速的 Toivonen，雙雙超越慢下來的 Wright。此時即將進入田徑場，領先者 Zabala，幾乎是在力竭狀態下跑完最後四分之三圈保住了金牌；當他衝線後，後續三位選手也都已經在場內跑道上進行最後衝刺；Ferris 僅落後 Zabala 九十公尺，慢了十九秒抵達；Toivonen 在 Ferris 後方八十公尺；Wright 則在 Toivonen 後面一百四十公尺；前四名的選手僅相差六十五秒，可說是奧運馬拉松史上競爭最激烈的一次。

　　Ferris 的攻勢發動得太晚，依據他完賽時的狀況，若提早啟動，應該是可以超過 Zabala 拿下金牌，不過這都是早知道就⋯⋯的後話了。

Zabala 成為最年輕的奧運馬拉松冠軍（僅二十歲九個月）

日本隊派出三位選手拿下五、六、九名，英國隊則派兩位選手拿到二、四名，是這屆表現最傑出的隊伍。

津田晴一郎繼上屆阿姆斯特丹奧運拿下第六名後，這次進步到第五名，可惜仍未能為日本拿下首面馬拉松獎牌；而獲得第六與第九代表日本的選手，其實都是出生當時被日本殖民統治的韓國。

比賽結果

名次	選手姓名	國籍	完賽時間
1	Juan Carlos Zabala	阿根廷	2:31:36 奧運紀錄
2	Sam Ferris	英國	2:31:55
3	Armas Toivonen	芬蘭	2:32:12
4	Dunky Wright	英國	2:32:41
5	津田晴一郎	日本	2:35:42
6	金 恩培	日本	2:37:28
7	Albert Michelsen	美國	2:39:38
8	Oskar Hekš	捷克斯洛伐克	2:41:35
9	權泰夏	日本	2:42:52
10	Anders Hartington Andersen	丹麥	2:44:38

15

一九三六柏林

　　第十一屆奧林匹克運動會，一九三六年在德國柏林舉辦，又被稱為「納粹的奧運會」。

　　相信大家對「政治歸政治，體育歸體育」這句話並不陌生；但「政治」是管理眾人之事，而奧運是世界上參與國家最多的體育活動，肯定也是「眾人之事」的一部分，所以要運動歸運動，政治不干預賽會，本身就是句有邏輯矛盾的術語。

　　一九三六年的納粹領袖希特勒當然很清楚這個道理，於是他想到利用舉辦奧運會，一方面向世界展示德國軟硬體能力的強大，另方面更是他宣傳雅利安種族優越論與反猶太主義的機會。

　　一九三六年是首次有電視轉播的奧運會，另透過廣播傳遞到四十一個國家。

　　德國奧會並編列巨資七百萬美元，委託蘭妮・萊芬斯坦為柏林奧運拍攝電影《奧林匹亞》（*Olympia*）；過程中她運用了許多特殊技術來拍動態運動員，是運動類電影拍攝的先驅。這部電影的 DVD 現在仍可以買得到，其中就有段珍貴的馬拉松比賽畫面。

　　德國政府透過納粹黨官方報紙《*Völkischer Beobachter*》，以強烈措詞寫到不應允許猶太人參加奧運會；這與奧林匹克主義主張公

平參賽的精神完全背道而馳。後來各隊雖仍有猶太人參賽，但已有不少猶太運動員在選拔階段就被排除，主因是這些國家代表隊怕若選派猶太人參賽，可能會冒犯了納粹政權。

美國傑西・歐文斯（Jesse Owens，美籍非裔）在短跑與跳遠項目贏得四面金牌，是該屆表現最好的選手，也間接打臉納粹主張的雅利安種族優越論。地主德國拿下八十九面獎牌排名第一，美國以五十六面居次。

一九二八阿姆斯特丹奧運，是奧運會首次引進在賽會期間點燃聖火的概念；一九三六年柏林奧運，則是首次安排聖火傳遞的活動，在希臘奧林匹亞的赫拉神殿，由身著女祭司服的代表，讓太陽光透過德國蔡司的拋物面鏡聚焦後，將奧運聖火點燃，然後透過接力傳遞的方式，途經六國，來到柏林奧運場館。

希特勒想利用奧運聖火傳遞，將他的帝國與古老的力量聯繫起來。

一八九六雅典奧運的馬拉松金牌 Spiridon Louis，也獲邀出席一九三六柏林奧運開幕式；他後來在一九四〇年過世，享壽六十七歲。

比賽日期　　1936 年 8 月 9 日 15:00

比賽路線　　起終點皆為 Olympiastadion，去回路線。

比賽距離　　42.195 公里

參賽選手　　56 人來自 27 國

一九三六年的馬拉松賽程始於柏林體育場，比賽前段十三公里，跑在柏林一片森林區。接著選手將跑上一條筆直的混凝土高速路，去回約十七公里。然後接回前段的森林路線，回到體育場終點線。

五十六位跑者站上起跑線，其中歐洲有三十六人、非洲三人、北美洲六人（加拿大、美國各三人）、亞洲五人（日本三人、中國、印度各一人）、南美洲六人（祕魯三人、阿根廷兩人、智利一人）。共有六個國家報滿三位選手，包含芬蘭、英國、日本、秘魯、南非和美國。

賽前日本隊實力最被看好（日本有多位選手於一九三五年創下馬拉松史上前十快的紀錄），其中孫基禎（Kitei Son）[6]更是在東京創造了兩小時二十六分四十二秒（當時的世界紀錄）；而上屆冠軍阿根廷 Zabala 也前來衛冕。

比賽在下午三點開始，天氣乾燥晴朗，氣溫為攝氏二十二度。衛冕者 Zabala 一開始就取得領先，四公里處，居第二位葡萄牙的 Manuel Dias 已差距到三十秒；南非 Lalande 第三、美國 Tarzan Brown 第四。

五～八公里是微上坡路段，Zabala 利用地形變化加速拉開距離，此時領先 Dias 達四十三秒。

---

6 孫基禎，一九一二年出生於朝鮮的韓國人，但一九〇五年日俄戰爭後，日本於一九一〇年佔領朝鮮，一九三六年柏林奧運時，他被迫用日語發音的名字「Kitei Son」代表日本參賽。

十公里左右，美國 Brown 發力向前，超越了南非 Lalande 居第三，落後葡萄牙 Dias 約四十秒，阿根廷 Zabala 八十五秒。

十五公里處，Zabala 繼續拉大與第二名的距離達一百秒，但此時日本孫基禎與英國 Harper 跑在一起，先追過了 Brown，僅落後 Dias 三十秒，並列在第三位。

過二十公里不久，Zabala 與 Dias 漸顯疲態放慢了配速。

折返點前後，孫基禎與 Harper 一同超過了 Dias，僅落後 Zabala 五十秒；Zabala 稍微調整後重整旗鼓，又開始緩緩加速，在二十五公里處，與孫基禎、Harper 兩人又拉開到九十二秒的距離。

孫基禎則在二十八公里發動攻勢，加速向前，先與共跑好一段時間的 Harper 拉開十公尺的距離，並嘗試追上 Zabala。

Zabala 則不幸在二十八公里處絆到且摔倒，爬起後雖繼續向前，但因此耽誤的時間與減慢的配速，已足以讓孫基禎與 Harper 追上並超前。

孫基禎率先抵達三十一公里處，此時領先 Harper 十六秒，發生跌倒慘劇的 Zabala 落居第三，但仍在嘗試回到他之前的配速節奏；可惜最終在三十二公里時決定棄賽，沒能成為首位連兩屆在奧運馬拉松項目奪牌的選手。

比賽剩下九公里，孫基禎仍保持強勢，與第二名 Harper 已建立二十五秒的領先優勢；他們領先後面的集團已達三分鐘之安全距離，金、銀牌的爭奪應該不出這兩位。銅牌看似將由第三集團共跑的兩位芬蘭選手與一位南非選手競爭。

只是萬萬沒想到在三十五公里處，原本還位在第七位日本隊選手的南昇龍（Nan）突然竄出，一舉超越了第三集團的所有選手，獨居第三名；此時孫基禎領先 Harper 四十五秒、領先南昇龍三分四十五秒。

　　四十公里時，孫基禎以兩小時十九分四十秒通過，Harper 慢了八十七秒，而南昇龍此時僅落後 Harper 九十秒（代表上一個五公里區間，南昇龍追近 Harper 達一分三十秒），剩下最後兩公里，難道銀、銅牌還有變數？

　　孫基禎率先通過柏林奧林匹克運動場的馬拉松通道進到田徑場，並以接近跑短跑的衝刺速度，完成最後一百公尺（約十三點三秒），成績為兩小時二十九分十九秒，這是奧運馬拉松首次突破兩小時三十分。

　　Harper 落後達六百公尺，此時還沒跑進田徑場，兩分鐘後，才以兩小時三十一分二十三秒抵達；而第三位到達的南昇龍，僅慢了 Harper 十九秒，若距離再加長一公里，Harper 的銀牌可能不保。Harper 與南昇龍也都創下個人最佳成績。

　　日本隊風光拿下金、銅牌，但孫基禎與南昇龍皆為出生朝鮮，代表日本出賽的韓國人。在頒獎台上，當升起日本國旗與演奏日本國歌「君之代」時，他倆皆低頭不語，孫基禎更以大會頒給金牌選手的月桂樹[7]，擋著運動服上的日之丸，這是他們無聲的抗議。

---

7 當時孫基禎還獲贈古希臘科林斯銅頭盔（約西元前八百至七百年）一具，作為馬拉松冠軍的賀禮。該頭盔是德國考古學家庫爾提烏斯在奧林匹亞發現的。

而在柏林奧運奪金五十二年後，七十三歲的孫基禎在一九八八年漢城（現稱首爾）奧運開幕典禮上，手持聖火、穿著繡有韓國國旗的運動服，抬頭挺胸光榮地跑進奧運會的田徑場。

　　這段「從無聲抗議到最高榮譽」的故事還沒結束，一九九二年巴塞隆納奧運，由孫基禎指導的弟子黃永祚率先抵達終點，實現了他期待一位穿著太極旗運動服之跑者拿下奧運馬拉松金牌的願望。

　　這屆代表芬蘭的三位選手雖都以前十名完賽，分別拿下四、五、九名，但中斷了連續四屆登上奧運馬拉松頒獎台的紀錄。

　　南昇龍是目前唯一一位曾參加箱根驛傳（代表明治大學），並在奧運會馬拉松比賽中獲得獎牌的運動員。

比賽結果

名次	選手姓名	國籍	完賽時間
1	孫基禎	日本	2:29:19 新奧運紀錄
2	Ernie Harper	英國	2:31:23
3	南昇龍	日本	2:31:42
4	Erkki Tamila	芬蘭	2:32:45.0
5	Vaino Muinonen	芬蘭	2:33:46.0
6	Johannes Coleman	南非	2:36:17.0
7	Donald Robertson	英國	2:37:06.2
8	Jackie Gibson	南非	2:38:04.0
9	Mauno Tarkiainen	芬蘭	2:39:33.0
10	Thore Enochsson	瑞典	2:43:12.0

本屆賽事中兩位值得一提的參賽選手

◎ 美國 Johnny Kelley（一九○七～二○○四）

他是柏林奧運美國隊唯一完賽的跑者，以兩小時四十九分三十二秒獲得第十八名。Kelley 的豐功偉業並不在奧運會上，而是波士頓馬拉松，他是波馬的傳奇人物。

Johnny Kelley 一生共參加了六十一次的波士頓馬拉松，首次參賽在一九二八年，但沒有跑完；最後一次是在一九九二年八十四歲高齡時，而這是他第五十八次波馬完賽。

他還在一九三五、一九四五贏得兩次波馬冠軍，另獲得七次亞軍；一九三四～一九五○年間，有十五次以前五名完賽。

他獲選一九三六柏林奧運與一九四八倫敦奧運的美國馬拉松代表隊，一九三六柏林以十八名完賽，一九四八倫敦則是二十一名完成。

一九九三年 Kelley 的紀念雕像被豎立在 Newton 市政廳附近波馬的路線上，距離心碎坡（Heartbreak Hill）大約一英里的地方。

Kelley 於二○○四年高齡九十七歲過世，還特別製作了限量的搖頭娃娃來紀念他（娃娃身上號碼布為 BAA-61，代表他站上波馬起跑線的次數）。

◎ 第一位參加奧運馬拉松的中國人——王正林

一九三六柏林奧運的王正林，是第一位代表中國參加奧運馬拉松的選手，他以三小時二十五分三十六秒完賽，名列第四十名。

相較於上屆一九三二洛杉磯奧運僅有劉長春一位選手，這次中華民國共派了五十四位選手（五十二男二女）的代表團來到柏林，參與二十七個項目；成績大多止於預賽，沒拿下任何一面獎牌。

王正林後來移居美國，其選手巔峰期剛好遇上第二次世界大戰，許多馬拉松賽事（包含一九四〇、一九四四奧運會）皆停辦，無從得知他真正實力究竟能跑多快。

他指導的聾啞選手樓文敖，則在一九四八年倫敦奧運時代表中國出賽。

晚年有王正林活躍於美國長青田徑大師賽的記錄，獲多項分齡組的冠軍。

16

一九四〇東京

　　二〇二〇東京奧運，受 COVID-19 疫情影響，延後一年於二〇
二一年舉行，也是首次奧運於奇數年舉辦。許多人不知道的是，這
並不是東京奧運第一次遇上面臨延期或停辦的抉擇，早在一九四〇
年就曾發生過。

　　昭和十五年，西元一九四〇年，是日本神武天皇即位紀元 (皇
紀) 二六〇〇年的年份。

　　自一九一二年首次派員參與奧運會後，日本首任奧委會會
長，也是首位來自亞洲的國際奧委會委員，有「日本體育之父」之
稱的嘉納治五郎，一直夢想有一天，能為日本爭取到奧運的舉辦
權，而二十八年後的一九四〇年，美夢成真的機會來了。

　　經過多年的努力，日本運動員在以歐美選手為主的奧運會競
賽上，並非只是陪榜，也拿下多個項目的獎牌。

　　有好成績作為基礎，申辦奧運的機會漸漸成熟，加上日本也
想透過運動進行國際外交，若能在一九四〇年舉辦奧運，正好可作
為天皇即位二千六百年紀念慶典的活動之一，同時也向世人展現
一九二三年關東大地震復甦後的日本。

　　在一九三二年國際奧會要遴選一九四〇主辦城市時，提出申

請的城市有義大利羅馬、西班牙巴塞隆納、芬蘭赫爾辛基、日本東京四地；一九三六年投票前，日本成功說服了義大利總理墨索里尼延後羅馬的申辦，最後由日本東京順利出線。

原本一切看似美好的安排，奧運即將首次在非歐美城市舉行，卻在一九三七年日本侵華後變了調。

日本官方的資源由運動賽事轉往軍事事務，原本規劃用於興建運動場館的金屬鋼鐵，全被轉為軍事用途；其他國家也質疑，正處在戰爭中的日本，如何辦好賽事，且即使如期舉辦，也可能會以不派員參加來抵制。雖日本相關體育界代表向國際奧會保證戰爭將不會持續太久，東京也能夠依計畫完成舉辦奧運的任務。

然而事情經常不如人們想的如此單純，一九四〇年東京奧運，國際奧會先是決定改到芬蘭赫爾辛基舉行，後因歐洲也爆發戰爭而停辦；「日本體育之父」嘉納治五郎在一九三八年過世，沒能等到奧運在東京舉辦的那一天。

一九四〇年最初設定的主場館是明治神宮外苑體育場，但重建計畫被當時管轄明治神宮轄區的內政部神社局強烈反對；後來改在離市中心較遠的駒澤，建造一座新體育場，也是現今駒澤奧林匹克公園的所在地。

明治神宮外苑體育場後來還是改建成為霞丘國立競技場，在一九六四年擔任東京奧運主場館，之後再次重建為「新國立競技場」，作為二〇二〇年東京奧運主場館。

東京在被收回奧運主辦權時曾表示，「當遠東恢復和平時，我們將再次邀請奧運會到東京舉行，藉此讓世人認識了解真正的日本

精神。」

　這件事後來晚了二十四年在一九六四年才得以實現。

　若沒有發生戰爭，一九四〇年的東京奧運，日本將以地主國的身分，舉辦奧運馬拉松賽事；延續上屆柏林奧運的好表現，且在非洲國家馬拉松選手尚未崛起下，是極有可能連霸奧運馬拉松賽場，甚至出現第一位日本出生的奧運馬拉松金牌，只可惜……或許也只能怪當時的軍國主義政府吧！

　東京與奧運的不對盤，也許是因為每次東京在申辦理由上，不論是一九四〇、一九六四或二〇二〇，都有著許多期待與包裝，包含災害或戰爭後的振興與復甦（一九四〇之於關東大地震、一九六四之於二次世界大戰後、二〇二〇之於三一一海嘯）；想透過舉辦奧運，向世界展現日本的國力，也藉此機會進行城市再造、交通升級、凝聚民心等，這一魚多吃、深思熟慮的想法，本應是大型運動賽會規劃的典範，怎知運氣總是不站在東京這邊，除了一九六四年順利如期舉辦外，其餘一次停辦、一次延期，不僅沒得到預期的效益，還因此損失慘重。或許下次東京還要再申辦奧運之時，先擲筊卜個卦吧！

二戰持續，一九四四倫敦奧運停辦

　　一九四四年第十三屆現代奧運會，早在一九三九年國際奧會年會上，就由英國倫敦從八個城市競爭中脫穎而出（義大利羅馬、美國底特律、瑞士洛桑、希臘雅典、匈牙利布達佩斯、芬蘭赫爾辛基、加拿大蒙特婁）。但同年九月，德國入侵波蘭，英法向德國宣戰，第二次世界大戰爆發，直到一九四五年九月才結束，整整六年時間，導致一九四〇東京奧運、一九四四倫敦奧運連續兩屆停辦。

　　42.195公里的夢想追逐──關於奧運馬拉松的熱血故事

Chapter 4

再出發
（一九四八～一九六〇）

17

一九四八倫敦

一九四八年，相隔十二年才再次舉辦奧運會，地點則是四年前沒辦成的倫敦，這也是倫敦繼一九〇八年以來，第二次舉辦奧運會。

因戰後世界經濟不景氣，許多物資得採配給供應，於是這一屆可稱是經費最緊縮的奧運會，倫敦在賽前竟沒有建造任何一個新場館。

一九四八倫敦奧運，也是最後一屆設有藝術競賽的奧運會，因那個時代的藝術家多已具備職業身分，對於奧運會主張以業餘人士參與的理念不符，往後將以文化交流活動取代藝術競賽。

奧運會早從一九一二年起，就將藝術納入競賽，比賽項目包含建築、文學、音樂、繪畫、雕塑五大類，一九三六柏林奧運，台灣出生的江文也，曾以一首《福爾摩沙舞曲》（Formosan Dance），代表日本參與音樂競賽；一九四八倫敦奧運，則有三位中國籍的畫家參加繪畫競賽，分別是孫宗慰（Sun Zongwei）、Cheng Wu-fei、Chang Chien-Ying，後兩者還是對夫妻。

這屆奧運馬拉松，賽道是全新規劃，並未沿用一九〇八年上次倫敦奧運時，從溫莎堡跑到倫敦的路線（也是後來定義標準馬拉

松距離之路線），而是改以溫布利主場館（Empire Stadium）為起終點，環繞倫敦北郊；採用去回路線，比之前點對點路線（Point to Point），更方便民眾加油與觀賞。

或許是因為二戰影響了各國馬拉松好手的比賽與訓練，這次奧運馬拉松場上，有多位初馬跑者，包含比利時 Gailly、阿根廷 Cabrera、芬蘭 Viljo Heino；賽前並沒有特別的看好者，雖然芬蘭 Viljo Heino 是當時一萬公尺世界紀錄保持人，但因這是他第一次跑馬拉松，多數人不認為他能勝出。

比賽最後由阿根廷 Delfo Cabrera 贏得金牌，是阿根廷三次參加奧運馬拉松中，第二次拿下第一；英國 Tom Richard 拿下銀牌，英國自一九三二、一九三六、一九四八連拿三屆奧運馬拉松銀牌；比利時 Etienne Gailly 拿下銅牌，也是該國首面馬拉松獎牌。

終點前的賽況，讓人不得不想起四十年前（一九〇八）同樣在倫敦舉辦的奧運馬拉松，當年義大利選手 Dorando Pietri 力竭掙扎於終點前的景象，幾乎重演於比利時選手 Gailly 身上。

Gailly 以接近全程百分之九十路段領先的姿態，率先進入溫布利體育場，但力竭的他，已無法以正常姿勢完成最後跑道段；先是被落後不多的 Cabrera 強勢超越；在左右搖擺、勉力推進下，再被第三位進場、受全場歡呼加油的地主選手 Richards 殘酷地追過；Gailly 是真的沒力了，身心都撐到了極限，頻頻回頭看後方是否還有追兵，甚至在剩下一百五十公尺時還恍神地停下來走了幾步，經工作人員比手勢催促後才又跑了起來，幸好他撐到了終點，沒如當年 Pietri 因受人幫助而被取消資格，艱辛地保住了銅牌；抵達終點

後他再也站不住地倒下，必須由擔架抬出場。

這是繼一九三二年洛杉磯奧運後，前三名的成績再一次如此接近，前後相差不到一分鐘。

第四名是曾在十二年前一九三六柏林奧運拿下第六名的南非選手 Johannes Coleman。

阿根廷 Cabrera 在奧運馬拉松賽場以初馬之姿即奪下金牌，過去僅有一九○○年的 Theato 曾做到；未來還有一九五二年的 Zátopek、一九五六年的 Alain Mimoun 兩位選手達成這樣特別的紀錄；以現今馬拉松選拔與競爭的狀態，大概很難再有人做到了。

柏林奧運時代表日本參賽拿下金、銅牌的韓國跑者，這屆總算能以韓國隊身分出賽，而當年奪牌的孫基禎與南昇龍皆已轉作教練，此次選派了包含世界紀錄保持人徐潤福在內的三位選手（當時的世界紀錄與奧運紀錄都是由韓國人所保持），韓國幾乎是完全取代日本先前在奧運馬拉松比賽場上的位置。

一九三六年中國首位參賽奧運馬拉松的選手王正林，其指導的聾啞跑者樓文敖這次也代表中國出賽倫敦奧運馬拉松。然而出乎所有人的意料，過半程時仍跑在第二名的位置的他，後來因腳痛退出了比賽。

中國第二位參與奧運馬拉松的選手——樓文敖

一九四八年倫敦奧運，正值民國三十七年，是中日戰爭結束後三年，中華民國退守台灣前兩年；中華民國派了三十一位選手參加奧運會，包含一位聾啞人士——樓文敖，他是一九三六年曾參加奧運馬拉松的王正林指導之弟子，報名參加田徑五千、一萬公尺、馬拉松項目。（當時尚未有帕奧、聽奧等專為特定人士舉辦的運動會。）

樓文敖，浙江人，生於一九一九年，三歲時的一次意外，讓他成為了聾啞人；二十歲時，隨著從事清潔工作的父母來到上海，每天都會跟著父母一同上街協助清掃。樓父母負責的街道，經常有一群年輕人練跑路過，樓文敖每次看到跑步的隊伍經過，就會一言不發地跟跑在最後方；後來被團長發現後，邀他加入一同練習；沒想到跑著跑著，跑進了上海市的田徑運動會，後來更創下一萬公尺全國紀錄，也打破了原本由日本人保持的亞洲紀錄。

樓文敖後來入選了一九四八奧運代表隊，先是在一萬公尺項目出賽；教練為了提升他的成績，特別在倫敦當地買了一雙國內少見的釘鞋，代表隊希望他能跑出好成績，以洗刷中國人被西方稱「東亞病夫」的罵名。此舉卻弄巧成拙，這雙跑鞋反而讓他在比賽中吃盡苦頭，耳朵聽不見的樓文敖，在比賽日暖身後開跑前，才匆忙地第一次換上釘鞋，站上起跑線。槍響後他一直處於領先集團，比賽過半時，突然聽見他大叫出聲，速度也就此變慢；隊友不知道他發生甚麼事？只覺得這不該是他的實力；後來才知他的釘鞋出了狀況，鞋底承受不住競賽過程強烈的衝擊，鞋釘回頂上來，造成樓每一步著地時，支撐點都非常痛。但他聽不到四周的聲音，只能獨自忍痛跑完；賽後脫了鞋，腳底已是多處血泡傷痕。

雖有一萬公尺穿不合腳鞋的慘痛教訓，但一週後才進行的馬拉松賽，他仍未能找到一雙合適跑鞋，也導致比賽過半時，原還位居領先群的他，卻因再也無法忍受腳底劇烈疼痛而停了下來；面對周遭加油民眾的吶喊，他甚麼也聽不到、孤零零地站在賽道上，眼中含著淚水，不甘心地坐上收容車，回到終點。

要是能備妥一雙合適的鞋，是不是有機會站上奧運的頒獎台呢？

奧運會後，樓文敖從倫敦回到上海，其師王正林邀他前往美國參賽。因為他又聾又啞，在美國生活需要老師幫忙打點；師徒倆密集地參與比賽，經常在賽事上獲得前兩名。

那時有場比賽的獎勵，是兩人可獲得周遊美國與飛回中國的免費機票。據傳王正林騙了樓文敖，說獎品是美國回中國的郵輪船票，他則請主辦單位將機票換成船票，並私吞了兩者的價差。兩人一同搭船抵達香港，準備再坐船回上海時，因當時國共內戰，上海局勢緊張；王正林決定先安排樓文敖至一間游泳館擔任臨時清潔工，自己卻在不久後神秘地消失，留樓文敖一個人在香港。

傳言樓文敖後來於一九六〇年代在香港過世了。王正林則拿著當時從機票換船票賺來的錢，從香港又去了美國，後來也在美國定居，入了美國籍。王正林與樓文敖，這兩位最早參與奧運馬拉松的中國選手，其奧運後的人生，竟都成了鮮少人知道的謎團，華人世界對於馬拉松選手的對待，似乎還有許多提升的空間。

參考資料

* 王少毅，〈聾啞的「赤腳大仙」〉《奧運精神勵志書》（中央編譯出版社，二〇〇七年四月第一版），頁二一四。

* 識途、汝妊〈傑出的殘疾長跑運動員樓文敖〉《二十世紀上海文史資料文庫 第八輯 教育科技》（上海書店出版社，一九九九年九月），頁二七三—二七四。

18

中華民國代表隊名稱的演進與中華台北 (Chinese Taipei) 奧會模式

二〇一八年二月，也是二〇二〇東京奧運開幕前兩年，由一九六八年奧運獎牌得主紀政發起台灣正名公投活動，提出中華民國應以「台灣」名義參與國際運動賽事。

但依據一九八一年由中華奧會與國際奧會簽訂的《洛桑協議》，中華民國須以「Chinese Taipei 中華台北」參與奧運及多數國際賽事，才得以和其它國家奧林匹克委員會擁有相等權利，無法使用「台灣」之名稱。

一九四九年 (民國三十八年)，中華民國政府遷台、中華人民共和國初成立，兩岸皆無暇顧及國際體育事務。一九五二赫爾辛基奧運會，兩岸同時受邀參賽；中華人民共和國是首度受邀，並決定派出代表團參加；而退守台灣的國民政府，對外宣稱在漢賊不兩立的立場下，不參與這一屆奧運會。

在一九四九年中華人民共和國成立之前，中國的運動員最早 (一九二五～一九四七) 是以「中華全國體育協進會」(China National Amateur Athletic Federation) 的名稱參與奧運會；二戰後，改以中國奧林匹克委員會 (Chinese Olympic Committee，

一九四七〜一九五六）參加。但國共內戰後，原先二十五位中國奧會（Chinese Olympic Committee）委員中，有十九位撤至台灣，於是中國奧會在一九五一年於北京進行改選。

之後兩邊的奧會組織，都向國際奧會（IOC）請求代表中國（China）參加一九五二年的赫爾辛基奧運會；國際奧會也通過這項提議，並經赫爾辛基奧運組委會同意，授權雙方運動員皆可參與賽事。

但在開幕式（七月十九日）的前一天，在北京的中國奧會才收到來自組委會的邀請，當時的交通不若現今空中飛行之便利，儘管已經知道趕不上開幕式，北京的中國仍決定派代表隊前往。當代表隊抵達赫爾辛基時，已是開幕日十天後（七月二十九日），而這天在選手村的升旗儀式，是中華人民共和國的五星旗首次在奧運場上升起。

雖然派出了四十人的代表團（包含足球隊、籃球隊、游泳），但僅有一名游泳選手趕在比賽開始前抵達，並實際參與了正式賽事；其餘選手僅進行了友誼賽。

而在台灣的中華民國奧會，則選擇不派代表隊抵制參賽，用以回應國際奧會同意北京中國也能派員參與的抗議。這也是奧運會上「兩個中國」爭議的開始。

後來中華人民共和國沒有參與一九五六年墨爾本奧運，並於一九五八年退出國際奧會。這紛爭直到一九八一年兩會（國際奧會與中華台北奧會）簽訂《洛桑協議》後，才獲得暫時的解決，中華人民共和國則於一九五二年奧運首度亮相後，在一九五六〜

一九八○長達二十四年間沒有參與奧運活動，期間歷經一九六六到一九七六年為期十年的文化大革命，直到一九八○年寧靜湖冬季奧運、一九八四年洛杉磯夏季奧運才再次重返奧運會場。

　　離開複雜的兩岸問題，讓我們回到馬拉松賽場上。

19

一九五二赫爾辛基

如果你想要跑，可以跑個一英里；但假如你想體驗一個不
一樣的人生，就去跑場馬拉松。
(If you want to run, run a mile. If you want to
experience a different life, run a marathon.)

　　── Emil Zátopek，一九五二赫爾辛基奧運馬拉松冠軍

　　這是有捷克火車頭稱號的 Emil Zátopek 說的一句話，從這段
描述就可感受到馬拉松賽事的特別；跑完一場馬拉松，竟可能改變
人的一生。

　　二戰之後的這個時期，英國在田徑長、短跑距離領域，各出
了一位非常重要的跑者──Jim Peters 與 Roger Banister；他們分
別成為人類史上首位突破馬拉松─兩小時二十分與一英里─四分鐘
的跑者，也是在他們達成這項成就後，因為相信可以，才引領更多
跑者持續向前突破。

　　一九五二年赫爾辛基奧運馬拉松，Jim Peters 以當時世界最
佳紀錄保持人的身分參賽（兩小時二十分四十二秒），是賽前最被

看好的選手。雖然他後來未能完賽，但在隔年一九五三於倫敦的 Polytechnic Marathon 賽事上，跑出兩小時十八分四十秒，是首位在標準馬拉松距離跑進兩小時二十分的人；這成就相當於同時期中距離選手，想在一英里距離跑進四分鐘的障礙一樣困難。（同樣來自英國的班尼斯特 Roger Banister，於一九五四年五月六日首度在配速員協助下達成。）

而擊敗 Jim Peters 拿下奧運馬拉松金牌的，是捷克長跑好手 Emil Zátopek。他先前已在場地賽五千公尺、一萬公尺拿下優勝，參賽馬拉松，是臨時下的決定，而當時的制度仍可接受其報名。

這是他運動生涯首場馬拉松，試圖挑戰在單屆奧運會拿下長距離跑步項目的三面金牌。（他已在上屆倫敦奧運拿到一萬公尺金牌與五千公尺銀牌）。雖然過去從未跑過馬拉松，但他的出賽仍被大眾期待與看好。

上屆曾參與倫敦奧運的好手，有前來衛冕的金牌阿根廷 Delfo Cabrera、第六名南非 Syd Luyt、第七名瑞典 Gustav Östling、第八名挪威 John Systad。

當天是個涼爽的天氣，比賽開始，英國 Peters 就以幾近不要命的配速，跑了前五公里，Zátopek 因為不熟悉馬拉松的配速策略，決定先跑在後方，但仍保持領先者位在可視範圍內。

十公里時，Peters 領先 Zátopek 約十六秒；十六公里時，Peters 被 Zátopek 與瑞典 Gustaf Jansson 追上，三人共跑了一小段，直到 Jansson 跟不上。

半程時，Zátopek 感到疲憊，開口詢問 Peters 此時的配速是

否過快？Peters 回覆說「太慢了」，但事後他表示當下其實是開玩笑的；這讓 Zátopek 感到疑惑再問了一次，不過這次 Peters 沒有回話，而是決定跑向賽道另一邊，不想回應這位強大的競爭對手。

Zátopek 對於配速的感覺是對的，Peters 不久就因前段配速過快而慢了下來，接連被 Zátopek 與 Jansson 超越，後來勉力跟著跑了幾公里，就因腳抽筋而不得不退出比賽。

Zátopek 後段逐漸拉大與 Jansson 的差距，以破奧運紀錄的兩小時二十三分三秒獲得金牌（較前紀錄快超過六分鐘）；阿根廷 Reinaldo Gorno 則在三十九公里處超越 Jansson，獲得銀牌，慢了第一名兩分三十秒，是阿根廷繼一九三二、一九四八拿下兩面馬拉松金牌後，再獲一面銀牌（四屆參賽拿下二金一銀）；Jansson 獲得銅牌，為瑞典繼一九○○年後，拿下第二面奧運馬拉松的獎牌。上屆冠軍 Cabrera 以第六名完賽，其成績比他上屆拿金牌時還快上八分鐘；英國則中斷連續三屆在馬拉松項目奪牌。

比賽結果

名次	選手姓名	國籍	完賽時間
1	Emil Zátopek	捷克	2:23:03 奧運紀錄
2	Reinaldo Gorno	阿根廷	2:25:35
3	Gustaf Jansson	瑞典	2:26:07
4	Choi Yun-Chil	韓國	2:26:36
5	Veikko Karvonen	芬蘭	2:26:41
6	Delfo Cabrera	阿根廷	2:26:42
7	József Dobronyi	匈牙利	2:28:04
8	Erkki Puolakka	芬蘭	2:29:35
9	Geoff Iden	英國	2:30:42
10	Wally Hayward	南非	2:31:50
DNF	Jim Peters	英國	—

　　同一屆奧運，連續拿下長距離項目三金，戰績彪炳的 Zátopek，擁有不只一個綽號，包含布拉格野獸（Beast）、捷克特快車（Express）、人類火車頭（機關車）Locomotive 等。

　　他的跑姿總是讓人覺得「持續使盡全力地衝刺」，臉部表情痛苦、頭部左右搖、手臂舉得高、擺動大，但核心軀幹卻又能保持得很穩定，與大部分跑者的姿勢都不同，多數人認為他這樣跑應會消耗更多體力，但結果卻不是這麼一回事。

Zátopek 是首位在練習時採用間歇跑概念訓練的跑者，短距離的快跑，搭配一段慢跑休息，然後下一趟，再一趟。他在準備赫爾辛基奧運的訓練期，經常進行兩百公尺 × 五趟＋四百公尺 × 四十趟＋兩百公尺 × 五趟這樣的間歇訓練，造就他在五千公尺、一萬公尺、馬拉松三個長距離項目，在同屆奧運會都拿下金牌這項史無前例的成就。過去僅有芬蘭兩位飛人差可比擬，一位是 Hannes Kolehmainen 在一九一二斯德哥爾摩奧運拿下五千公尺、一萬公尺金牌，外加一九二〇安特衛普奧運馬拉松金牌；另一位是 Paavo Nurmi，也就是赫爾辛基奧運海報上跑者的原型，他在一九二〇安特衛普奧運拿下一萬公尺、越野賽兩面金牌，又在一九二四巴黎奧運的一千五百公尺、五千公尺、越野賽三面金牌（可惜當時沒參加馬拉松賽），最後在一九二八 阿姆斯特丹奧運拿下一萬公尺金牌。

Zátopek 與太太 Dana 同年同月同日生，他們相識於一九四八年倫敦奧運，Dana 是位標槍選手，他們在奧運期間就訂了婚；四年後在赫爾辛基奧運同天出賽，Zátopek 拿到五千公尺金牌，Dana 同場獲得標槍金牌，是奧運史上首對同日拿下金牌的夫妻檔。

Zátopek 說過許多關於跑步的金句：

「運動員不能為了口袋裡的錢而跑，他必須帶著希望與夢想而跑。」

(An athlete cannot run with money in his pockets. He must run with hope in his heart and dreams in his head.)

「男人與男孩的差別，在於承受痛苦和苦難的程度不同。」

(It's at the borders of pain and suffering that the men are separated from the boys.)

「勝利是偉大的，但與所有人友善，是更偉大的。」

(Great is the victory, but the friendship of all is greater.)

「沒有梯子，你無法爬上二樓。當你把目標訂得太高而無法達成，你的熱情將會變成苦澀。訂個合理的目標，然後逐步提升與接近它。」

(You can't climb up to the second floor without a ladder. When you set your aim too high and don't fulfill it, then your enthusiasm turns to bitterness. Try for a goal that's reasonable, and then gradually raise it.)

「在不利的狀況下訓練有一個很大的好處。最好在惡劣的狀況下訓練好，因為差異在比賽中會是個巨大的緩解。」
(There is a great advantage in training under un-favorable conditions. It is better to train under bad conditions, for the difference is then a tremendous relief in a race.)

「假如你想要贏得一場比賽，可以試試看去比一百公尺競賽；假如你想贏得一個特別的經驗，去試試看跑場馬拉松。」
(If you want to win a race try the 100 meter. If you want to win an experience try the marathon.)

「下雨嗎？那沒關係。我累嗎？那也沒關係，意志力將讓一切都不成問題。」
(Is it raining? That doesn't matter. Am I tired? That doesn't matter, either. Then willpower will be no problem.)

「我沒有足夠的天賦能同時一邊跑一邊微笑！」
(I was not talented enough to run and smile at the same time!)

20

一九五六墨爾本

奧運會首次在南半球舉辦，也是首次在歐洲與北美洲以外的大洲舉辦（原本一九四〇年東京會是第一個，但因二次大戰停辦）。

由於南半球夏季時間與北半球夏季不同，這是奧運會首次在十一、十二月舉行。

本屆有三個阿拉伯國家──埃及、伊拉克、黎巴嫩拒絕參賽，主要是抗議以色列在英法協助下，入侵與控制埃及蘇伊士運河。

另有三個歐洲國家─荷蘭、西班牙、瑞士也杯葛，起因於蘇聯入侵與介入匈牙利革命。

亞洲則有中華人民共和國拒絕參加，為了抗議因國際奧會同意中華民國（台灣）以官方正式身分參賽。

從自一八九六年以來，復興奧林匹克運動會滿六十年的角度來看，喜的是奧運會受到世界各地、越來越多國家的重視，但另一方面憂的是奧運會也成了各國政治角力的舞台，越來越多政府會透過奧運會這個舞台，來向世界表達立場，至於選手的運動表現如何？反而不是那麼重要了。

因賽事在十二月進行，連帶影響了各國的選拔，根據以往選

拔賽的時間所選出的代表，如何持續維持狀況到奧運是個不容易的挑戰。

而馬術比賽則因澳洲對於馬的防疫規定，提早在八月於瑞典進行，這是奧運會第一次有比賽項目不在主辦國舉行。

儘管國際情勢緊張，一九五六年奧運會在閉幕式時，倒是用了個新點子，不再如開幕式般地讓一隊隊運動員跟會旗進場，改成不分國家地區，所有運動員一起進入，象徵四海一家，不分彼此，世界團結；而這個模式一直沿用至今。

這屆也是史上首度以在地上畫綠色虛線的方式，標示整段馬拉松比賽路線。一九〇四年聖路易奧運時，曾在沿路設置紅色旗作為選手引導；一九〇八倫敦奧運時，則是在每英里設置里程牌；這是第一次採用劃線方式，而選用的顏色是澳洲黃綠國家色之一的綠色（黃色已用於原本的道路標示），這個方式讓路線的指引更明確。

奧運馬拉松首次在十二月舉行，起跑時因發令者停頓過久，導致有三位選手過早出發犯規，但並沒有被判罰，裁判召回選手重新鳴槍，這也是奧運馬拉松史上首次發生搶跑事件。

起跑溫度達攝氏二十七度，是個陽光普照炎熱的周六下午。

非洲衣索比亞與肯亞兩國首度派選手參賽。

比賽日期	1956年12月1日 15:15
比賽路線	起點墨爾本板球場（Melbourne Cricket Ground），去回路線（out-and-back）。
比賽距離	42.195公里
參賽選手	來自23國的46位選手
世界紀錄	Jim Peters（英國），2:17:39，英國倫敦，1954年6月26日。
奧運紀錄	Emil Zátopek（捷克斯洛伐克），2:23:03，芬蘭赫爾辛基，1952年7月27日。

Emil Zátopek 前來衛冕，但這回準備狀況不如一九五二年充分，他年初才進行了疝氣手術，錯過奧運前的夏季訓練，在奧運期間可能無法調整到最佳狀況；且他已在先前舉行的五千公尺、一萬公尺比賽請假未出賽。因此，賽前最被看好者落到與 Zátopek 多年同場競技的對手法國 Alain Mimoun 身上。

他是世界越野賽冠軍、奧運五千公尺、一萬公尺兩屆三面銀牌得主（三次都是輸給 Zátopek 屈居第二），而這次奧運馬拉松是他的初馬。

過去 Mimoun 總是輸給 Zátopek，但他們倆不僅是競爭對手，也是惺惺相惜的好朋友。Zátopek 因疝氣手術影響狀況並不好，賽前他告訴 Mimoun 要注意來自蘇聯的幾位選手。

而法國在一九○○、一九二八分別拿下馬拉松金牌，相隔二十八年後的一九五六年，Mimoun 說他有預感能得到優勝。

十公里時，由芬蘭 Kotila 帶頭以兩秒領先，但第十五名選手也僅落後七秒，幾位賽前看好的跑者，都在領先群中。

十五公里時，Mimoun 取得領先，蘇聯 Filin、美國 John J Kelley[8] 緊跟在後；四秒之差是另外五位跑者；衛冕者 Zátopek 暫居第十一名。

二十公里時，領先群剩下六人—法國 Mimoun、南斯拉夫 Mihalic、芬蘭 Karvonen、美國 Kelley、兩位蘇聯人 Filin、Ivanov。捷克 Zátopek 前進一名，居第十位。

半程折返點前是一段上坡，Mimoun 利用這地形進行突破，以令人驚訝的速度擺脫其他跑者，獨居領先。

二十五公里時，他已領先第二集團五十秒；此時日本的川島義明從二十公里時的十四名，一路超車上升到第四名，他這五公里的分段配速僅比領先者 Mimoun 慢。Zátopek 則再上升到第六位。兩位蘇聯人則落到第七、八名。

三十公里時，法國 Mimoun 再拉大差距到七十二秒，追趕集團包含日本川島、南斯拉夫 Mihalic、芬蘭 Karvonen 三人；Zátopek 來到第五名。韓國 Lee Chang-Hoon 則跑出所有選手分段

---

8 美國馬拉松史上有兩位 John Kelley，兩位都拿過波馬冠軍，也都比過兩次奧運會馬拉松。波馬傳奇是人稱「Kelley the Elder」的 John Adelbert Kelley—出賽一九三六柏林奧運（十八名）、一九四八倫敦奧運（二十一名）；這屆出賽的是人稱「Kelley the Younger」的 John Joseph Kelley—出賽一九五六墨爾本奧運（二十一名）、一九六〇羅馬奧運（十九名）。

最快的五公里，由第十八名來到第八名。

三十五公里，領先者依舊是 Mimoun，七十六秒後是 Mihalic，再八秒後是 Karvonen，川島落到第四，再二十秒後是 Zátopek 與 Lee。

四十公里，前四名排名不變，Mihalic 僅追回兩秒，Mimoun 看來勝券在握；Lee 則超過 Zátopek 獨居第五。

最後兩公里，Mimoun 再次加速拉大領先，最後以九十二秒差距拿下金牌；難以置信地，奧運再一次由馬拉松初登板的選手拿下優勝（第四次，前三位分別是一九○○ Michel Theato、一九四八 Cabrera、一九五二 Zátopek）。南斯拉夫 Franjo Mihalic 第二；芬蘭 Veikko Karvonen 第三；韓國 Lee 超過了日本川島，分別拿到第四、第五；Zátotek 以第六名完賽。

當 Zátopek 抵達終點不久，Mimoun 走向好友，並告知他自己獲得了優勝，Zátopek 向他行禮；Mimoun 說能獲得征戰多年好友的恭喜，是比金牌更珍貴的時刻。

比賽結果

名次	選手姓名	國籍	完賽時間
1	Alain Mimoun	法國	2:25:00
2	Franjo Mihalić	南斯拉夫	2:26:32
3	Veikko Karvonen	芬蘭	2:27:47
4	Lee Chang-Hoon	南韓	2:28:45
5	川島義明	日本	2:29:19
6	Emil Zátopek	捷克	2:29:34
7	Ivan Filin	蘇聯	2:30:37
8	Evert Nyberg	瑞典	2:31:12
9	Thomas Nilsson	瑞典	2:33:33
10	Eino Oksanen	芬蘭	2:31:12

　　Mimoun 與 Zátopek 在奧運賽場上同場競技了四次（一九四八倫敦一萬公尺，一九五二赫爾辛基五千公尺、一萬公尺，一九五六墨爾本馬拉松），前三次都由 Zátopek 贏得金牌，Mimoun 屈居第二；Mimoun 總算在一九五六年的馬拉松賽中扳回一城，運動生涯上能有這樣惺惺相惜、旗鼓相當的對手，實屬珍貴。

21

一九六○羅馬

古柏坦於一八九六年復興奧林匹克運動會,一九六○年來到義大利羅馬舉辦。而奧運在羅馬舉辦,從歷史角度來看是微妙有趣的,原因是古奧運會的終止,正是羅馬帝國皇帝於西元三九三年禁止異教活動且當時賽事賭博作弊事件頻傳,而下令停止的。

羅馬本在一九四○年就有機會舉辦奧運會,但在申辦階段禮讓給日本東京;後來因二戰發生,直到二十年後的一九六○年才得以舉行。

羅馬奧運,延續上屆奧運兩個中國的問題。一九五九年國際奧會以在台灣台北的奧會(Chinese Olympic Committee)對中國運動員無管轄權為由,撤銷承認中國奧會(Chinese Olympic Committee),但接受以不同名稱重新申請並承認之。奧會後來以「ROC Olympic Committee」送件申請,但國際奧會決議應以 Formosa 之名參賽,協調未果下,也導致後來一九六○年羅馬奧運開幕式,出場順序被排在 F,代表團決定手舉「UNDER PROTEST」布條表示抗議的事件。

田徑場的十項全能競賽,代表 Formosa 的中華民國十項好手楊傳廣,與美國訓練夥伴強生戰到最後一項一千五百公尺,才以些

微差距落敗獲得銀牌，這是中華民國首面奧運獎牌，中華民國政府正希望以此國際體育賽事的優秀表現，來提升日漸受到打壓的國際局勢。

拳擊場上，十八歲的美國選手 Cassius Clay 奪得輕重量級金牌，他就是後來世界知名的重量級拳王阿里 Mohammad Ali。

來到奧運馬拉松會場，此次的賽道設計，特別規劃經過現存於市區的知名羅馬時期建築遺跡，起終點也首次皆未設在奧林匹克運動場。整個比賽就像是在進行一場羅馬城歷史的巡禮。

起點卡比托利歐廣場（Campidoglio），是米開朗基羅於一五三六～一五四六年所設計，位於羅馬七丘之一的 Capitoline Hill，緊鄰古羅馬廣場（Roman Forum），這裡是古羅馬市中心的心臟地帶。

終點則設在建於西元三一五年的君士坦丁凱旋門（the Arch of Constantine），就在著名的羅馬競技場旁。整條路線形成一個大三角形。起跑後經過卡拉卡拉浴場（the Caracalla Baths），沿著亞壁古道（the Appian Way）跑，最後在君士坦丁凱旋門下結束。

因為天氣炎熱，比賽延遲至下午五點半才起跑，當跑者跑到後段狹窄且有樹蔭遮蔽的亞壁古道時，時間已來到七點，夜幕低垂天色漸暗。

上百名手持火炬的士兵，站在賽道兩旁，用火光照亮最後這段路，引導選手安全前進，並提供轉播單位足夠的照明；搭配古代羅馬的遺跡，這是極具戲劇場景的終點前畫面，也是奧運馬拉松前所未見、令人難忘，更可能是空前絕後。

比賽日期	1960 年 9 月 10 日 17:30
比賽路線	起點卡比托利歐廣場，終點君士坦丁凱旋門，點到點之三角形路線。奧運馬拉松賽事首次起終點都不在奧林匹克運動場，直到 56 年後 2016 里約奧運時，才再一次發生（起終點都在森巴廣場）。
比賽距離	42.195 公里
參賽選手	69 人來自 35 國
世界紀錄	Sergei Popov（蘇聯），2:15:17，瑞典斯德哥爾摩，1958 年 8 月 24 日。
奧運紀錄	Emil Zátopek（捷克斯洛伐克），2:23:03.2，芬蘭赫爾辛基，1952 年 7 月 27 日。

本屆比賽中來自衣索比亞沒沒無聞的阿貝貝・比奇拉（Abebe Bikila），竟以赤腳完賽，且大破奧運紀錄，還剛好以一秒之差，創下新的世界最佳成績。這成績到目前（二○二二）為止，仍是赤腳完成馬拉松的世界紀錄。

上屆曾參賽者包括金牌法國 Alain Mimoun、銀牌南斯拉夫 Franjo Mihalic、第四名韓國 Lee Chang-hoon、第八名瑞典 Evert Nyberg、第十名芬蘭 Eino Oksanen。世界紀錄保持人蘇聯 Sergei Popov 也有參賽，可說是眾星雲集。

賽前最被看好者，是蘇聯 Sergey Popov，他是當時世上唯二跑進兩小時二十分的跑者（另一位是英國 Jim Peters）。

而在報名階段，主辦方收到一位遞交參考成績——比前奧運馬拉松冠軍捷克傳奇跑者 Zátopek 還快的衣索比亞跑者阿貝貝；由

於大家對該國跑者的不了解，沒多少人認為他的這項成績是正確的。

起跑時，阿貝貝站在暖身人群中，決定要脫鞋赤腳比賽，他不是要證明或宣告甚麼，而只是覺得這樣可以跑得比較好；他沒戴錶，只在手上寫下幾位要注意的跑者號碼；教練告訴他跑到阿克蘇方尖碑那再發動攻勢，然後奪取勝利。

前段領跑的是比利時的 Aurèle Vandendriessche，領先的四人集團中還包含英國 Arthur Keily、兩位非洲跑者摩洛哥 Rhadi Ben Abdesselam 與衣索比亞阿貝貝 · 比奇拉。令所有人驚奇的是阿貝貝沒穿鞋還跑在領先群，本來大家認為他只是陪榜來亂的。

九點六公里時，有另兩位跑者加入領先群；世界紀錄保持人蘇聯 Popov 落後三十秒，處在第二集團。

二十公里時，兩位非洲選手阿貝貝與 Rhadi 突圍取得領先，他倆自此一直保持在前頭，也跑在一起，後方跑者逐漸被拉開。

三十公里時，兩位非洲選手與追趕集團—紐西蘭 Magee 與蘇聯 Popov 已差距超過兩分鐘。

四十公里時，僅剩紐西蘭 Magee 一人仍有能力向前追，雖拉近了距離，但時間已經不夠追上了。

在跑到終點前 Porta Capena 廣場—阿克蘇母方尖碑附近時，阿貝貝依照賽前擬定的劇本，在兩側皆是火炬手引導的路段，加速擺脫 Rhadi 糾纏，以二十五秒差距贏得勝利。

有點諷刺的巧合是，阿貝貝展開攻勢、通過的這個阿克蘇母方尖碑，正是義大利在一九三七年墨索里尼時期，從衣索比亞搶奪

回來的戰利品。此方尖碑後來在二〇〇八年歸還回衣索比亞。

銅牌由紐西蘭 Barry Magee 獲得，原先最被看好的蘇聯 Popov 獲得第五名，另一位蘇聯選手 Konstantin Vorobyov 則拿下第四名。

最後一位完賽跑者抵達的時間，已接近晚上九點十五分，是奧運馬拉松史上少見選手在天黑後才完賽的。

赤腳跑者阿貝貝，出生於一九三二年八月七日，這天剛好是一九三二年洛杉磯奧運馬拉松比賽日，或許天註定是為馬拉松而生的人。

阿貝貝‧比奇拉一生共跑了十五場馬拉松（一九五九～一九六八），前十三場贏了其中的十二場；但最後兩場皆未完賽。一九六九年因車禍造成半身不遂，後來還曾參加輪椅桌球與射箭的比賽。

他在一九七三年四十一歲時就因腦出血（與四年前的車禍有關之後遺症）過世。

比賽結果

名次	選手姓名	國籍	完賽時間
1	Abebe Bikila	衣索比亞	2:15:16 WR
2	Rhadi Ben Abdesselam	摩洛哥	2:15:41
3	Barry Magee	紐西蘭	2:17:18
4	Konstantin Vorobyov	蘇聯	2:19:09
5	Sergey Popov	蘇聯	2:19:18
6	Thyge Thøgersen	丹麥	2:21:03
7	Abebe Wakgira	衣索比亞	2:21:09
8	Bakir Benaïssa	摩洛哥	2:21:21
9	Osvaldo Suárez	阿根廷	2:21:26
10	Franjo Škrinjar	南斯拉夫	2:21:40
34	Mimoun（上屆金牌）	法國	2:31:20

一九六〇年的羅馬奧運，對於中華民國台灣代表團，是意義重大的一屆，它
創造了三個第一次！

1. 楊傳廣十項全能以些微差距拿下銀牌，但已為台灣贏得第一面奧運獎
   牌。
2. 中華民國代表隊被迫首次以「台灣」名稱參加奧運。
3. 運動員進場時，以拉布條的行動寫下在奧會開幕典禮首次抗議紀錄。

當時中華奧會與國際奧會溝通無效，決定在開幕典禮隊伍入場時，由總幹事
林鴻坦手持「抗議中」（UNDER PROTEST）白布條，走在「TAIWAN」大會手
舉牌後面，緩緩通過司令臺，這成了目前奧運史上唯一一次開幕抗議事件。

羅馬奧運開幕前三天，國際奧會討論處理中華民國代表隊名稱問題，當時希
望在參加奧運的既定政策下，爭取以中華民國代表隊的名稱上場，甚至都已
設下底線以「中華民國（台灣）」的名義參賽（加註台灣）。但最後投票結果，
仍以差距不少的票數，決議中華民國可用「中華民國奧林匹克委員會」名義參
與國際奧會，但必須用「台灣」名義參賽。

上屆墨爾本奧運，是中華民國政府遷台後首次派隊參加，當時國際奧會的氛
圍是希望運動場上可用「台灣 Formosa」與「北京 China」兩隊區隔與互別苗
頭，但最後中國人民共和國＊堅持只能有一個中國下退賽杯葛，加上後來內
部鬥爭紛亂，無心參與國際事務，一直到一九八四年才回到奧運賽場上。

＊ 中華人民共和國奧會在一九五四年才剛被國際奧會認可，正式加入會員。

Chapter 5

連霸與杯葛
（一九六四～一九七二）

22

一九六四東京

　　柏林因第一次世界大戰，錯過一九一六年奧運，二十年後才在一九三六年實現；東京則因二戰，被取消一九四〇年舉辦奧運的機會，再等了二十四年，才迎來一九六四年東京奧運，也是奧運會首次在亞洲舉辦。

　　一九六四年奧運，也是南非開始因種族隔離政策，被排除在國際運動賽場上，直到一九八八年才重返奧運。（南非曾在一九〇八、一九一二兩屆奧運馬拉松，拿下一金二銀的好成績。）

　　當年奧運聖火從希臘奧林匹亞點燃後，開始跨國傳遞，台灣台北是入日前的最後一站，之後傳往沖繩那霸，開始日本國內段的傳遞。

　　如今在台北市田徑場二樓入口處外，展示著一座仿毛公鼎的聖火台，這正是當年東京奧運聖火暫歇一晚的「容器」，也是至今唯一一次奧運聖火來到台灣。

　　來到馬拉松賽場，衛冕者衣索比亞阿貝貝・比奇拉成功連霸，也是首位拿下兩面奧運馬拉松獎牌的選手（且兩面都是金牌）。

　　阿貝貝在奧運賽場上的神蹟，不只是以赤足拿下羅馬奧運馬拉松金牌，他兩次拿下奧運冠軍的成績，也都打破當時的世界紀

錄；是一九二一年國際田聯定義標準馬拉松距離以來，百年奧運馬拉松史上僅出現過的兩次。（奧運會在夏季進行，因天氣因素影響，要創馬拉松世界紀錄非常不容易。）

比賽日期	1964年10月21日13:00
比賽路線	國立競技場出發，往西沿甲州街道，一路跑到折返點—西調布 / 飛田給，原路返回國立競技場，屬於去回路線。
參賽選手	來自35國的68人，58人完賽。地主日本有三人出賽，分別是君原健二、寺沢徹、円谷幸吉。
世界紀錄	Basil Heatley（英國），2:13:55，英國溫莎，1964年6月13日。
奧運紀錄	Abebe Bikila（衣索比亞），2:15:16，義大利羅馬，1960年9月10日。

　　每日新聞社的賽前報導，訪問了曾獲奧運會長距離四面金牌、綽號「人間機關車」的捷克籍長跑好手 Emil Zátopek，他看好的選手是：

　　1. 馬拉松世界紀錄保持人 Basil Heatley（英國）兩小時十三分五十五秒。
　　2. 十公里世界紀錄保持人 Ron Clarke（澳洲）二十八分十五秒六。

　　至於上屆羅馬奧運冠軍阿貝貝・比奇拉（兩小時十五分十六秒，也是當時的奧運紀錄），這位捷克前奧運馬拉松金牌認為，阿

貝貝不可能連續拿下兩屆金牌。

一九六四年十月二十一日下午一點，比賽於國立競技場鳴槍起跑，阿貝貝潛伏在隊伍最後面出發。

剛起跑就有人因推擠而摔倒，繞行田徑場一圈半後，跑上東京街道，這時衛冕者阿貝貝，是倒數幾位跑出體育場的。

三公里時，領先者是賽前頗被看好、來自澳洲——當時十公里世界紀錄保持者 Ron Clarke，而愛爾蘭籍選手 Jim Hogan 緊跟其後。

五公里時，第一位通過仍是 Clarke（十五分六秒），第二位 Hogan（十五分八秒），第三位突尼西亞 Mohamed Hadheb Hannachi（十五分十二秒），第四位英國 Ron Hill（十五分十四秒）；円谷以十五分三十一秒排在第十八位，君原十五分三十六秒第三十一位，寺沢十五分三十八秒位居第三十二位。阿貝貝的通過時間在報導中並沒有被提及。

十公里段，阿貝貝在六公里處起，逐漸加速追上領先群，第一集團有四人跑在一起（阿貝貝、Clarke、Hogan、Hannachi），通過十公里的時間為三十分十四秒，此配速已比上屆羅馬奧運（2:15:16）的同段配速快了五十秒。

十～十五公里，此段下了點雨，領先集團剩下三人（阿貝貝、Clarke、Hogan），與第二集團已拉開兩百公尺的差距，円谷大約落後五百公尺排名十一；君原則處在第三集團，排名十四；寺沢則排在二十一位。領先集團三人通過十五公里為四十五分三十五秒。

二十公里處，三人分別以阿貝貝一小時五十八秒、Hogan 一

小時一分三秒、Clarke 一小時一分三十九秒通過；円谷此時所處集團有四名選手，共同跑並列在第四位一小時一分四十六秒，約落後領先者五百公尺。

通過折返點（二十公里五四一公尺），Clarke 已顯疲態，Hogen 也漸漸被阿貝貝拉開，阿貝貝打臉 Zátopek 說他不可能連霸奧運的態勢越來越明朗。

二十五公里，阿貝貝一小時十六分四十秒通過，領先第二名 Hogan 十秒約五十公尺，比上屆羅馬奧運的大會紀錄快了兩分七秒。第三名 Clarke 一小時十八分二秒，明顯已跟不上領先者配速；円谷則以一小時十八分四十四秒第四名通過。

円谷在二十六公里時落後阿貝貝兩分鐘，暫居第四位；二十七公里時急起直追，在千歲烏山附近追上了 Clarke，來到並列第三位。

三十公里，阿貝貝（一小時三十二分五十秒）、Hogan（一小時三十三分三十秒）、円谷（一小時三十四分五十九秒）、József Sütő（一小時三十五分）Clarke 已掉到第五位（一小時三十五分六秒）。

円谷在三十公里超越 Clarke 後，下一個目標將是追擊暫居第二的 Hogan；但此時後方擁有兩小時十三分五十五秒世界紀錄實力的英國選手 Heatley 與其同胞 Kilby 悄悄地追到了第六和第七的位置。

三十五公里段，阿貝貝（一小時四十九分一秒）通過，三十～三十五公里這個五公里花了十六分二十秒，慢於之前的配速；第二位仍是 Hogan（一小時五十一分二十七秒）；第三位円谷（一小

時五十一分四十四秒）；第四位 Sütő（一小時五十一分四十五秒）；第五位 Heatley（一小時五十二分十三秒）；第六位 Kilby（一小時五十二分十七秒）。

四十公里段，三十五公里過後，Hogan 力竭棄賽，坐在路邊向民眾示意要水喝；円谷與匈牙利選手 Sütő 跑在一起，順勢超越，此時大約落後阿貝貝九百公尺，領先後方英國兩人組 Heatley 與 Kilby 一百公尺；在三十九公里時，円谷與 Sütő 展開第二名之爭，由円谷勝出，繼領先者後通過四十公里，邁向最後終點。

阿貝貝通過四十公里的成績為兩小時五分十秒，已比上屆紀錄快了三分三十二秒。

最終段，阿貝貝在國立競技場六萬名（包含天皇夫婦）滿場觀眾見證下，以兩小時十二分驚人成績打破世界紀錄，首次有選手連霸奧運馬拉松。円谷則是第二名進入田徑場，但 Heatley 僅在後方十五公尺，在終點前一百二十公尺發動攻勢超越了円谷，拿下第二，但沒破自己的最佳成績；円谷則無力追趕，以三秒之差落居第三，為日本拿下奧運會第一面馬拉松獎牌，讓日本國旗在國立競技場的頒獎台上升起。

比賽結果

名次	選手姓名	國籍	完賽時間
1	Abebe Bikila	衣索比亞	2:12:11
2	Basil Heatley	英國	2:16:19
3	円谷幸吉	日本	2:16:22
8	君原健二	日本	2:19:49
15	寺澤徹	日本	2:23:09

23

一九六八墨西哥市

人們知道，在高海拔處，因氣壓較低，會影響人體吸入空氣中氧氣的比例，可能無法滿足高強度的運動需求；於是當一九六八年奧運選在海拔二二五九公尺的墨西哥市舉辦，各國選手得忙著找類似的場域進行適應性訓練。

不過高海拔對於不同項目的影響是略有不同，像在田徑賽場上，短距離、跳遠、投擲等項目，因空氣稀薄風阻較低，是有利於運動員表現；美國跳遠選手 Bob Beamon，在此高海拔與順風上限 2.0 公尺／秒雙重幫助下，創下八點九公尺的貝蒙障礙，直到一九九一年（二十三年後）才被同胞邁克‧包威爾 Michael Anthony Powell 以八點九五公尺打破。

跳高部分，也有革命性的突破，美國選手 Dick Fosbury，採用創新的背向式技巧（在此之前選手都是採用腹滾式），以兩公尺二四拿下金牌，雖沒打破當時的世界紀錄，但此技巧成為後來的主流，也因此背向式被稱為「Fosbury Flop」。

但同樣屬田徑項目的長距離賽跑，卻會因稀薄空氣之低氧狀況，影響選手發揮，尤其在馬拉松更為明顯。

比賽日期	1968年10月20日 15:00
比賽路線	從 Plaza de la Constitución (Zócalo) 憲法廣場出發，終點在 the Stadio Olímpico。
比賽海拔	2,259 公尺
參賽選手	選手來自41國，共計75人出賽。57人完賽，18人未完成。
氣　　候	攝氏23度，是個溫暖的晴天。
世界紀錄	Derek Clayton（澳洲），2:09:36，日本福岡，1967年12月3日。
奧運紀錄	Abebe Bikila（衣索比亞），2:12:11，日本東京，1964年10月21日。

　　一九六八年是首次採用 PU 材質跑道的奧運會，一九六四東京奧運時還是煤渣跑道。

　　參賽選手包含上屆東京奧運馬拉松金牌阿貝貝、第五名的匈牙利選手 József Sütő、第八名的日本選手君原健二。另外在上屆東京奧運同屬衣索比亞代表隊的 Mamo Wolde、Demissie Wolde 兄弟（Mamo 上屆在十五公里時退賽，Demissie 則以第十名完賽），這次則只有 Mamo 入選。

　　東、西德首次分家參賽奧運，美國是唯一至今每屆奧運都有選手參與馬拉松項目的國家。

比賽實況

可能是擔心高海拔對人體的影響，起跑時所有人的配速是偏慢的。十公里時，領先群仍是大批選手跑在一起；二十公里時，由比利時選手 Gaston Roelants（一九六四東京奧運三千公尺障礙賽金牌）、英國選手 Tim Johnston 領頭，後面緊接著 Naftali Temu（一周前剛拿下本屆奧運一萬公尺金牌與五千公尺銅牌）、衣索比亞 Mamo Wolde、東德選手 Jürgen Busch、土耳其選手 Ismail Akçay 等四位跑者。

二十五公里，Temu 跑在前頭；三十公里由 Mamo Wolde 取得領先，後段幾乎是獨跑，最後以三分鐘的差距，率先衝過終點，為衣索比亞連續拿下三屆奧運會馬拉松金牌；日本君原健二銀牌，紐西蘭 Mike Ryan 銅牌。

第二、第三名差距僅十四秒，上屆奧運日本選手円古幸吉終點前被逆轉的狀況沒有重演，而円谷未竟之夢（本屆奧運前因壓力過大自殺），由君原健二接下完成，只是日本人夢寐以求的馬拉松奧運金牌，還是未能拿下。

已連獲兩屆奧運金牌、加上同樣來自高原國家衣索比亞的阿貝貝，本應為本屆馬拉松金牌最大熱門；但他在一九六六年於韓國 Incheon–Seoul Marathon 獲得第一後，因傷已有兩年沒完成任何一場馬拉松賽，一九六八年奧運會賽前仍未痊癒，且狀況不好。雖然穿著大會安排的 No.1 號碼布出賽，但只跑到十六～十七公里處就退賽，沒能完成，反倒是同樣來自衣索比亞的隊友 Mamo

Wolde，上屆沒能完賽，本屆以兩小時二十分二十六秒拿下第一，
但成績遠慢於上屆阿貝貝所創下的兩小時十二分十一秒的奧運紀
錄。

比賽結果

名次	選手姓名	國籍	完賽時間
1	Mamo Wolde	衣索比亞	2:20:26
2	君原健二	日本	2:23:31
3	Mike Ryan	紐西蘭	2:23:45
DNS	Abebe Bikila	衣索比亞	—

國家不是送我來這裡起跑，
是來完成比賽的

　　本屆奧運馬拉松成績並不亮眼，倒是發生一件激勵人心的故事傳頌至今。

　　賽事進行到十九公里時，來自東非坦尚尼亞的 John Stephen Akhwari，在與跑者爭搶位置的過程中摔倒，肩膀著地撞上人行道，膝蓋受傷，關節錯位；但他沒有放棄，包紮後仍然持續跑向終點；最後以慢了金牌超過一小時的三小時二十五分二十七秒完賽，排名五十七名，也是最後一位完賽的選手。

　　當他跑進田徑場時，已一拐一拐寸步難行，四周看台上只剩下零星觀眾，太陽下山、天已黑；等他穿過終點線後，還留在現場的一位記者問他，受傷後為何仍堅持繼續跑，他說：「我的國家不是送我五千哩遠來這裡起跑的，而是送我來完成比賽的。」(My country did not send me 5,000 miles to start the race; they sent me 5,000 miles to finish the race.)

　　這件事這句話，讓 Akhwari 成了奧運永不放棄精神的代言人。有時候跑得快不如跑得有故事呀！只是同樣的事若發生在近代的馬拉松賽，可是只有被強制回收的結果。

黑拳事件

　　這屆田徑場上，還發生了另一個大事——黑拳事件，被認為是現代奧運史上最直接公開的政治聲明。

　　非裔美國選手 Tommie Smith 與 John Carlos，在兩百公尺賽事分別獲得金牌與銅牌，他們在頒獎台上，當美國國歌吹奏時，舉起戴著黑手套的拳頭（一左一右），腳上僅著黑襪沒穿鞋，夾克上別著人權徽章（銀牌得主澳洲的彼得・諾曼也響應），這姿態是在向「維護黑人權力」致敬（抗議對黑人人權的不公）。

　　會一人舉左手、一人舉右手據說是個意外，Carlos 把黑手套忘在選手村，Smith 只好把一雙手套拆成一人一隻來戴。

　　儘管是選手對於所屬國家的政治聲明，但國際奧會認為是不應該在奧運會上出現的行為，立即要求美國奧會進行懲戒，禁止他們進入選手村。

日本及亞洲奧運馬拉松獎牌簡史

◎ 一九三六柏林奧運馬拉松金牌孫基禎、銅牌南昇龍。這兩面獎牌有點尷尬，因為這兩位都是朝鮮人，但當時代表日本出賽，因他們從不認為是日本人，日本也就淡化不提這兩面奧運金、銅牌，雖然它們在奧運馬拉松獎牌錄上，一直都記在日本國上。

◎ 日本男子馬拉松在一九六四東京、一九六八墨西哥市奧運，分別由円谷幸吉、君原健二拿下銅牌、銀牌。

◎ 一九六八年墨西哥市奧運前夕，在上屆奧運終點前遭逆轉但仍拿下銅牌的円谷，竟在宿舍用刀片切斷頸動脈自殺身亡，結束其二十七年的短暫生命。他因受傷與過度壓力，其在日誌上留下「我已精疲力竭，再也無法跑下去了」的遺言。國家隊戰友君原健二，接棒拿下一九六八墨西哥市奧運銀牌，日本連兩屆在奧運馬拉松站上頒獎台。

◎ 奧運女子馬拉松是在一九八四年才開始，日本有森裕子則在一九九二巴塞隆納、一九九六亞特蘭大分別拿下奧運女子馬拉松銀、銅兩面獎牌。

◎ 一九九二年巴塞隆納馬拉松金牌—韓國黃永祚，銀牌—日本森下廣一。

◎ 韓國李鳳柱在一九九六年亞特蘭大奧運男子馬拉松拿下銀牌。

◎ 高橋尚子於二〇〇〇年雪梨奧運女子馬拉松奪金。

◎ 野口水木在二〇〇四年雅典奧運女子馬拉松奪金。（日本選手連霸）

◎ 中國周春秀在二〇〇八年北京奧運女子馬拉松拿下銅牌。

24

一九七二慕尼黑

　　許多人對於一九七二年慕尼黑奧運會的印象，是巴勒斯坦武裝組織「黑色九月」在奧運期間發動的恐怖攻擊事件。

　　奧運期間的九月五日清晨，武裝恐怖份子闖入選手村以色列選手房間，當場槍殺了兩位代表隊成員，並押走九人當作人質，要求釋放被以色列關押的二三四名巴勒斯坦人。後來談判未成，營救人質的狙擊計畫也失敗，雖擊斃五名恐怖份子，活抓三人，但九名人質卻全數死亡，奧運因此事件停賽三十四小時。

　　後來在國際奧會主席 Avery Brundage 堅持，不應屈服於恐怖組織的威脅，宣布「The games must go on」，奧運會繼續進行。也因為這個決定，這屆的馬拉松賽事才沒有因此事件被取消。

　　這屆馬拉松賽事，路線的安排很特別，起終點都設在奧林匹克體育場；但去回繞行下來，經過的路竟是奧運史上首隻官方設計的吉祥物——德國臘腸狗 Waldi 的輪廓；沒想到近年流傳於跑者圈，用 GPS 畫圖的哏，早在五十年前的奧運會馬拉松就玩過。

　　狗的頭部朝西，起點奧林匹克體育場為狗脖子後方的位置，逆時針跑過耳朵，嘴巴部分則在 Nymphenburg Park；前腳來到 Hirschgarten，肚皮下腹部分則跑過慕尼黑的主要幹道，後腳與尾

比賽日期	1972 年 9 月 10 日 15:00
比賽路線	起終點都設在奧林匹克體育場
參賽選手	參賽者 74 人，來自 39 個國家，有 12 人未完賽。
世界紀錄	Derek Clayton（澳洲），2:08:33.6，比利時安特衛普，1969 年 5 月 30 日。
奧運紀錄	Abebe Bikila（衣索比亞），2:12:11.2，日本東京，1964 年 10 月 21 日。

巴在英式花園 English Garden。然後再沿著狗背，跑回奧林匹克體育場。這創意十足的規劃，路線相對複雜，對選手創成績來說，不見得有利。

上屆墨西哥奧運金牌衣索比亞的 Mamo Wolde，與他的兄弟 Demissie Wolde，繼一九六四年東京奧運後，相隔八年兩兄弟再次同場跑奧運馬拉松。

上屆銀牌得主君原健二、第四名 Ismail Akcay（土耳其）、第七名 Derek Clayton（澳洲）、第九名宇佐美彰朗（日本）也都來了。

出生於慕尼黑的美國人 Frank Shorter（美國），剛贏得泛美馬拉松與福岡馬拉松，賽前也頗被看好。

比賽實況

十公里時，由上屆第七、現任世界紀錄保持人澳洲 Derek Clayton 領跑（通過時間三十一分十秒），其他選手緊跟在後，第一集團人數仍多。

三十公里時，美國 Frank Shorter 率先通過（一小時三十二分四十九秒），美國同胞選手 Moore Kenny 與上屆奧運冠軍 Mamo Wolde 都以一小時三十三分五十四秒位居第二，第四位為比利時 Karel Lismont 一小時三十四分十四秒，第五位為澳洲 Derek Clayton 一小時三十四分二十七秒；此時上屆銀牌君原健二還排不進前八。

之後 Frank Shorter 逐漸拉大差距，拿下金牌，是美國相隔六十四年，再次贏得奧運馬拉松賽事。前兩次是 Thomas Hicks（一九〇四）與 Johnny Hayes（一九〇八）。

銀牌為比利時 Karel Lismont，是比利時選手繼一九四八年馬拉松銅牌後，相隔二十四年再拿下馬拉松獎牌。

銅牌則為上屆金牌衣索比亞 Mamo Wolde，也是衣索比亞繼一九六〇年起，連續四屆奧運獲得馬拉松獎牌（三金一銅）。

上屆銀牌日本君原健二表現依舊穩健，雖未奪牌，但仍拿到第五名。（君原健二——一九六四年第八名、一九六八年第二名、一九七二年第五名）

世界紀錄保持人 Derek Clayton 最後僅以第十三名兩小時十九分四十九秒完賽。

比賽結果

名次	選手姓名	國籍	完賽時間
1	Frank Shorter	美國	2:12:19
2	Karel Lismont	比利時	2:14:31
3	Mamo Wolde	衣索比亞	2:15:08
4	Kenny Moore	美國	2:15:39
5	君原健二	日本	2:16:27
6	Ron Hill	英國	2:16:30

冒牌選手的歡呼

在優勝選手 Frank Shorter 衝線前，卻發生了一個插曲。

當 Shorter 跑到接近田徑場入口處時，西德十七歲學生 Norbert Sudhaus，穿著田徑服，背上別著七十二號的號碼布，假扮領先選手，在體育場聯外隧道處，悄悄進入賽道跑了起來。當他跑進體育場，全場觀眾全為他歡呼鼓譟加油，慶賀他即將拿下本屆馬拉松金牌；而就在他繞了大半圈跑道，真正的領先者 Frank Shorter 進場時，才被工作人員識破，保全人員立刻將 Sudhaus 帶出跑道，觀眾則改為噓聲以對。

多年後在一段 Frank Shorter 的訪談中，談到當時的狀況：

「我在賽場外時就聽到體育場內的歡呼聲，因為知道當天也是田徑賽事的最後一天（當時馬拉松賽事還未單獨在閉幕日上午進行）；一開始我腦中想的是場內還有跳高比賽在進行，某位選手成功過桿後的驚呼。接著我進到場內，困惑著怎麼全場一陣騷動，但心裡想著自己即將證明美國人除短跑項目外，也是能在長距離耐力賽拿奧運金牌的。」

他仍持續穩健地跑著，此時聽到跑道旁有位操美國口音的女士向他大叫，「Don' t worry, Frank!」他心想是要擔心甚麼呢？我

即將成為贏家呀！等到跑過最後一個彎道，進入直道，他瞄到跑道有另一位選手正被工作人員帶走；通過終點線，他雙手高舉想振臂慶祝，卻又被搞得有些不確定，但他相信前面應該是沒有跑者的！

Frank 回憶說：當我脫下鞋子，一位記者來到我的面前，問我「What did you think about that guy ？」，然後我知道發生了甚麼事，但也沒特別生氣，大家反而可能更記得這場賽事。

至於這位高中生是怎麼進到賽場中的呢？原來他是在田徑賽場內擔任服務的工作人員，因此能輕易地突破外層警衛的管制，就像木馬屠城記似地，找機會換上事先準備好的衣服，從田徑場管制區內的聯外入口處冒出來，演出了這場鬧劇。

這段訪談中，Frank Shorter 還說到了他面對賽事的心態：

「在一場世界級的馬拉松賽事上，基本大約是十位選手，有拿下這場優勝的潛力；而其中只有三位是在當天準備好，且能充分發揮的。

於是我賽前的準備，就是盡力讓自己先成為那前十名，然後再成為前十中的那三位選手。我從不會去想『我要贏得這場比賽』，而是當我做好、做對所有事情時，自然會有好的狀況與表現，能成為那具競爭力的三位跑者；最後就看事情會怎麼發展。」

---

* 中華民國於一九七一年退出聯合國，自此逐漸失去大部份邦交國及國際運動賽會組織之會籍。慕尼黑奧運為中華民國政府最後一次成功以中華民國的國號、國旗及國歌參加的奧運會。

傳奇跑者離世

曾三屆參賽，兩度奪冠的阿貝貝‧比奇拉（Abebe Bikila），在上屆墨西哥市奧運未完賽後，於一九六九年三月發生車禍，下半身癱瘓無法行走。後來他在一九七〇年參加於倫敦舉辦的 Stoke Mandeville Games 之射箭與桌球賽事，這項比賽也是帕拉奧林匹克運動會（Paralmypic Games）的前身，也是二〇一二倫敦帕奧吉祥物取名 Mandeville 的由來。阿貝貝於一九七二年受邀出席奧運會，在奧運開幕式時還受到觀眾站立鼓掌；而這位赤腳奪金、奧運連霸的傳奇跑者，竟在隔年一九七三年就過世（死因與四年前的車禍意外之後遺症有關），享年僅四十一歲。

25

奧運吉祥物

　　首隻官方奧運吉祥物，是發表於一九七二年慕尼黑奧運的 Waldi；牠是一隻臘腸狗，有著彩色的造型。一九七六年蒙特婁奧運會，則選了河狸 Amik。一九八〇年莫斯科奧運的吉祥物 Misha 是隻棕熊，也是首次將吉祥物擬人化；也因吉祥物從趴著的動物姿態站了起來，空出雙手可以拿東西，可扮演的角色更加多元，相關產品的開發也就更豐富，自然也帶來更多的營收。

　　一九八四年洛杉磯奧運，吉祥物是老鷹，名為 Sam（源於美國的山姆大叔 Uncle Sam），更是由迪士尼公司藝術家 Moore 操刀，此後吉祥物成為奧運不可或缺的重要角色。

　　吉祥物的設計，通常與主辦城市有關聯，具備當地特色，親和、可愛、讓人想帶回家；同時為賽會帶來更多色彩與樂趣，也創造許多商機。

　　一九八八漢城奧運虎多力 Hodori、一九九二巴塞隆納奧運 Cobi，都延續這種兼具當地特色與可愛的路線。

　　接下來繼續發展，一九九六年亞特蘭大奧運的 IZZY，是首隻由電腦繪圖創造出來的吉祥物，它是個綜合體，無法歸類屬於哪一種動物，也跳脫吉祥物一定得是生物的慣例，其背後也有美國想向

世界展現科技實力的意圖在（當時個人電腦才正在發展，尚未普及，更遑論繪圖軟體的開發與運用）；但也因為它太特別，許多人第一眼看到就問「What is it ?」這也是它後來被命名為 IZZY 的由來（What is it 念快一點就成了 IZZY），這屆吉祥物發想雖然很創新，但結果似乎不若前幾屆吉祥物來得受歡迎。

二〇〇〇年雪梨奧運，則是奧運吉祥物首度擴增為複數，而且一次就是三隻，分別是笑翠鳥、鴨嘴獸、針鼴；很多人可能會覺得奇怪，在澳洲舉辦不是應該選袋鼠與無尾熊為代表嗎？

當然，這背後原因是有商業考量的，畢竟非奧運期間來到澳洲，各賣場內已經滿是袋鼠與無尾熊的商品，若奧運吉祥物又選了牠們，其所開發的奧運商品可能大同小異，差別只在身上某處多了個五環 LOGO，但價格可能高了一倍以上；消費者不一定會買帳，而籌委會又無法要求原販售的店家將商品下架，這肯定會影響吉祥物相關商品的收入，所以避開袋鼠與無尾熊，選擇其它特有種動物，開發全新的產品線，並以 Olly、Syd、Millie 來命名，分別來自奧運、雪梨、千禧年三個英文單字；三隻動物的生活空間也分別對應天空、土壤、水，而由一變三的官方吉祥物，有效增加了客單價（原本只買一隻，現在得買一組），創造更多的營收。

二〇〇四雅典，選了雅典娜與費沃斯組成雙娃組，名字源於希臘神話，外型則是古希臘泥偶。二〇〇八年北京奧運則繼續擴增到五隻，取名福娃—貝貝、晶晶、歡歡、迎迎、妮妮，組成「北京歡迎你」；二〇一二倫敦奧運，則是首次將奧運會（Olympic）與帕拉奧運（Paralympic）之吉祥物組成一組，共同宣傳與販售，也藉

此提升帕奧的關注度，之後的里約與東京奧運，也都延續這樣的設計規劃；東京奧運吉祥物還是交由全日本之小學生票選出來的。

Chapter 6

新冷戰與杯葛

二次大戰後不久進入冷戰時期，世界分為由美蘇兩大國領導的對立集團；從一九四七～一九五三冷戰前期，一九五三～一九六二衝突升級，一九六二～一九七九緩和政策下的對抗，一九七九～一九八五新冷戰時期，一九八五～一九九一尾聲；這競爭的氛圍也延伸到奧運會的運動場上，這段時間共歷經了十一屆奧運會，對於標榜和平與全球參與交流的奧運會，實為一大阻礙。

　　尤其新冷戰時期的對抗，直接影響了一九八〇莫斯科與一九八四洛杉磯奧運，兩大陣營互相抵制，許多選手因此無法參賽，包含一九八〇莫斯科——美國中斷了奧運馬拉松賽全勤的紀錄；一九八四洛杉磯——已二連霸的東德 Cierpinski 無法挑戰史無前例的三連霸；加上一九七六年東非二十二個國家的杯葛事件，連續三屆奧運都有多國選擇不參賽。

26

一九七六蒙特婁

比賽日期	1976年6月31日 17:30
比賽路線	起終點 Olympic Stadium，路線中段經過 Mount Royal 皇家山，Montreal 蒙特婁市正是因此山而命名。一般馬拉松路線不會安排這樣的爬坡路段，有一傳聞表示會安排此路線，主因加拿大選手 Jerome Drayton 擅長爬坡，刻意製造給他的地主優勢。
參賽選手	67人出賽，選手來自36國，有60人完賽。
世界紀錄	Derek Clayton（澳洲），2:08:33，比利時安特衛普，1969年5月30日。
奧運紀錄	Abebe Bikila（衣索比亞），2:12:11，日本東京，1964年10月21日。

賽前沒沒無聞的東德選手 Waldemar Cierpinski，以破奧運紀錄的成績（兩小時九分五十五秒），拿下金牌，也是東德奧運史上首面馬拉松獎牌；前四名竟都打破了阿貝貝在一九六四年東京奧運所創下的奧運紀錄。

原本最被看好的上屆冠軍 Frank Shorter，已經連續贏得一九七一～一九七四年日本福岡馬拉松（當時的世界頂級賽事之

一）；另一位競爭者是其同胞 Bill Rodgers，他剛以兩小時九分五十五秒破場地紀錄的成績，贏得一九七五波士頓馬拉松。其他看好的選手還有來自加拿大 Jerome Drayton（一九七五福岡馬拉松優勝）、日本宇佐美彰朗、宗茂等人。

還有一位備受矚目的選手，是來自芬蘭的 Lasse Viren。Lasse Viren 在最後一刻才決定報名參賽，過去他從未跑過馬拉松，但他已經贏得一九七二、一九七六 連兩屆奧運會五千與一萬公尺四面金牌，這次想要複製捷克名將 Emil Zátopek 在一九五二年赫爾辛基奧運所創下，在同屆奧運三個不同長距離項目皆獲金牌的壯舉。

比賽實況

比賽開始，當天氣候溫暖但有烏雲，從起跑時的陰天，到後來持續地降雨。

前半段呈現多位跑者大集團的方式前進。

十公里時，領先集團配速為三十分四十八秒，集團大約有二十人。

不久開始下雨，路邊觀眾大多喊著地主選手 Drayton，以及另兩位美國選手 Shorter、Rodgers 的名字加油，Cierpinski 默默地跑在領先群中。

過半程後時，集團剩下美國 Shorter、Rodgers、芬蘭 Viren、加拿大 Drayton、東德 Cierpinski 等九人。

二十三～二十五公里，上屆金牌 Frank Shorter 開始加速掙

脫，此時領先群中，只有 Cierpinski 隨之跟上；兩人共跑至三十公里左右，這期間 Shorter 不斷尋求突破，但 Cierpinski 總是能跟上；當三十三～三十四公里段 Shorter 再次突破失敗時，這時換 Cierpinski 展開進攻，Shorter 無法做出回應，Cierpinski 自此獨跑領先，且逐漸拉開距離；這時 Shorter 還不確定跑在他前面的人究竟是誰，只覺得他似乎是本屆一萬公尺銀牌—來自葡萄牙的 Carlos Lopes。

最後 Cierpinski 以兩小時九分五十五秒完賽，以五十一秒的差距贏得比賽。

美國 Frank Shorter（兩小時十分四十五秒）、比利時 Karel Lismont（兩小時十一分十二秒）分獲銀牌與銅牌（較上屆各退一名），也成為第三、第四位獲得兩面奧運馬拉松獎牌的跑者。前兩位皆來自衣索比亞—阿貝貝・比奇拉兩金（一九六〇、一九六四）及 Mamo Wolde 一金一銅（一九六八、一九七二）。

而想挑戰單屆奧運三金的芬蘭 Lasse Viren，以兩小時十三分十秒第五名完賽，表現並不差，只能說是前四名表現太好（皆打破奧運紀錄）。

第四名為美國另一位選手 Don Kardong（兩小時十一分十五秒），而賽前看好的 Bill Rogers，後段因腿後腱的傷勢影響，僅以四十名（兩小時二十五分十四秒）完賽。

看到這邊，大家可能會納悶，已連續四屆站上奧運馬拉松頒獎台的衣索比亞選手呢？怎麼在領先群都不見人影？

答案竟是東非國家杯葛本屆奧運，根本無人出賽。

一九七六年蒙特婁奧運會，包含衣索比亞在內的二十二個非洲國家，聯合抵制參加，其原因在於抗議大會不願禁止紐西蘭代表團參加本屆奧運會，而抗議的理由是紐西蘭橄欖球隊到有種族主義的南非進行交流，惹惱了非洲其他國家。（有趣的是橄欖球當時根本不屬於奧運會的比賽項目。）

中華民國代表隊在這屆也未參賽，原因是時任加拿大總理杜魯道要求代表團以「台灣」隊名義參賽，遭中華民國政府拒絕，在溝通無效後代表團於七月十六日宣布退出本屆夏季奧運會。

運動員因政治問題而無法上場，或許是這個時代運動員的悲歌吧！

這屆蒙特婁奧運，在籌備階段，因興建多棟體育館開支過大，且主場館建造難度太高，導致高額虧損，市政府債台高築，直到三十年後的二〇〇六年才還清，影響該市後續發展甚鉅。主辦國加拿大，最終僅獲得五銀六銅，是歷屆夏季奧運史上，唯一一個沒有獲得任何一面金牌的東道主。

幕後花絮

- Waldemar Cierpinski 通過終點時，因看著圈數指示牌顯示一，加上沒有裁判示意他停下來，於是他誤以為比賽還沒結束，在力竭的狀況下又多跑了一圈，直到看到 Frank Shorter 停在終點處等他，給他祝賀，他才確定已拿下奧運金牌。

- 奧運結束十二周後，紐約馬拉松賽事總監 Fred Lebow 決定，將

原本在中央公園繞圈的紐約馬拉松賽事，改為穿越城市五個行政區的路線。這一決定，也改變了紐約馬拉松的歷史，成了最高國際標準的賽事之一，也帶來七〇年代的馬拉松熱潮。

- Frank Shorter 與 Nike — Nike 公司的前身藍緞帶（Blue Ribbon Sports）公司，於一九七二年正式成立。其在一九七三年與美國傳奇跑者（當時兩千到一萬公尺紀錄保持人）Steve Prefontaine 合作，是 Nike 公司第一位簽約的田徑運動員。一九七五年五月，Prefontaine 在一場賽後派對後，開車載 Shorter 回到家，之後竟發生意外身亡，年僅二十四歲。一九七六年美國奧運資格賽，一萬公尺的前三名都穿著 Nike 跑鞋，包含 Shorter，這對一家剛起步的跑鞋公司來說，是莫大的機會與鼓舞。幾個月後的蒙特婁奧運會，將是 Nike 華麗登場的舞台，Nike 看好 Shorter 可能衛冕奧運馬拉松，投入許多資金在他身上，期待透過他在奧運馬拉松的賽場上，展示給全球觀眾，提升品牌知名度。他是繼 Prefontaine 後，Nike 簽下的第二位知名田徑運動員。但當馬拉松起跑槍聲響起，Shorter 腳上穿的竟是競爭對手虎牌的鞋子，Nike 創辦人 Phil Knight 在《*Shoe Dog*》一書中寫到，他直到現在都還不確定自己是否明白發生了甚麼事。Shorter 在開跑前暖身區，突然覺得 Nike 為他訂製的鞋子穿起來很鬆、甚至有鞋墊脫離的狀況，緊急請在旁的美國隊競走教練回到選手村，取來他的備用鞋；當他換上這雙鞋時，距離開跑僅剩五分鐘。Knight 回憶說，看樣子 Shorter 認定為他訂製的 Nike 很脆弱，無法撐完全程馬拉松，即使在測試、訓練階

段是這樣完美；這或許是焦慮，也或許是迷信，Shorter 想用以前一直在用的東西；Knight 認為跑者在這方面的執著很可笑，無論如何，Nike 當時是被拒絕了。所幸這樣的拒絕越來越少，Shorter 也沒拿到金牌。

- Frank Shorter 所處的時期，Nike 的專業跑鞋尚在起步階段，他們運用新材質為 Shorter 打造的原型鞋，在奧運馬拉松賽起跑前不被選手所信任，導致 Shorter 趕在鳴槍前換上日本虎牌運動鞋。

- Shorter 上屆在慕尼黑奧運穿的是由愛迪達設計師為他訂製的專門款，他稱那雙鞋非常合腳，他在奔馳時幾乎意識不到鞋子，這可說是對一雙鞋最高的讚美。

27

一九八〇莫斯科

比賽日期	1980 年 8 月 1 日 17:15
比賽路線	起終點 Central Lenin Olympic Stadium, Moscow 賽事全程平坦，從奧林匹克體育場起跑，行經紅場市區路段，之後沿著 Moskva 河去回。
參賽選手	74 人出賽（來自 40 國），53 人完賽。
世界紀錄	Derek Clayton（澳洲），2:08:33，比利時安特衛普，1969 年 5 月 30 日。
奧運紀錄	Waldemar Cierpinski（東德），2:09:55，加拿大蒙特婁，1976 年 7 月 31 日。

一九八〇莫斯科奧運，因美國抗議蘇聯入侵阿富汗，發動聯合抵制，支持美國而加入抵制行列的國家包括日本、西德、中國、菲律賓和加拿大等國。西歐許多國家政府支持抵制，但允許其運動員出賽；在開閉幕式中，這些國家多用國際奧會五環會旗取代自己國家的國旗進場。受此抵制事件影響，當時美日最好的馬拉松選手 Bill Rodgers 與瀨古利彥皆未參賽；日本宗茂、宗猛孿生兄弟雖同

時取得奧運馬拉松資格，也因日本奧會決定退出莫斯科奧運，徒留代表隊名單的虛名。上屆奧運金牌黑馬 Cierpinski，這些年參加了九場馬拉松賽事，贏得其中四場；這次準備衛冕金牌，是賽前最被看好的選手。

（Rodgers 贏得一九七六～一九七九紐約馬拉松、一九七七福岡馬拉松、一九七八～一九八○波士頓馬拉松；瀨古利彥贏得一九七九～一九八○福岡馬拉松。）

比賽實況

前五公里，大部分的選手都跑在一起，以十六分十秒通過。

五～十公里段，由地主蘇聯選手 Vladimir Kotov 帶頭竄出（通過時間為三十一分十六秒；五一十公里十五分六秒），與另一位蘇聯跑者 Satymkul Dzhumanazarov（通過時間三十一分二十二秒；五～十公里十五分十二秒）、墨西哥 Rodolfo Gomez、芬蘭 Lasse Virén、希臘、古巴、阿爾及利亞、法國（以上六位通過時間皆為三十一分二十六秒；五一十公里十五分十六秒）共八人形成第一集團，與第二集團拉出十多秒的差距，此時衛冕者 Cierpinski 選擇不跟，跑在第二集團中。

而事後來看，這自殺式地突襲加速（較上個五公里快了近一分鐘），也影響了最後的結果。第一集團八人中有四人未完賽，包含上屆拿下五千公尺與一萬公尺雙金、馬拉松第五名的芬蘭長跑名將 Lasse Viren；且集團在二十公里時（一小時三分四十二秒），就被

追趕集團追上，合併為一個二十五人的大集團，等於是消耗體力又沒能拉開距離。

過半程後，墨西哥選手 Rodolfo Gomez 再發動一次進攻，二十五公里（通過時間一小時十七分五十五秒；二十～二十五公里分段時間十四分十三秒）時拉開六秒差距；三十公里時（通過時間一小時三十三分二十七秒；二十五～三十公里分段時間十五分三十二秒），再擴大到二十三秒，此時第二集團則有九人。

或許是 Gomez 兩波的攻擊體力消耗過多，加上碰上馬拉松的撞牆期，這差距未能再擴大，且逐步縮小；三十五公里通過時間為一小時四十九分四十七秒（三十～三十五公里十六分二十秒），他僅領先三人集團東德 Waldemar Cierpinski、荷蘭 Gerard Nijboer、衣索比亞 Dereje Nedi 三秒，以及另三位蘇聯選手集團五秒。

三十五公里起，最後決勝時刻，荷蘭 Nijboer 先發動攻勢，脫離集團，超越配速狂降的 Gomaz；Cierpinski 並沒有落後太遠，三分鐘後，他加速追上，也不跟跑了，直接超越。之後他彷彿不會累似地，越跑越快；再次上演上屆超越領先者後獨走的戲碼；四十公里時，與第二名的差距拉開到十九秒，衛冕金牌勝券在握。Gomaz 則力氣放盡，落到第六位。

Cierpinski 以兩小時十一分三秒完賽，雖沒有打破上屆創下的兩小時九分五十五秒的奧運紀錄，但足以讓他蟬聯金牌。

在三十五公里發動攻勢失敗，被 Cierpinski 反超的荷蘭選手 Nijboer，幸好有撐住，在最後一公里擺脫蘇聯選手 Satymkul Dzhumanazarov 糾纏，獲得銀牌；銅牌、第四、第五名皆為地主

蘇聯選手；一度領跑的墨西哥 Gomaz 第六，非洲國家第一位抵達終點的是第七名衣索比亞 Dereje Nedi。前屆銀牌、上屆銅牌得主比利時 Karel Lismont 以第九名完賽。

比賽結果

名次	選手姓名	國籍	完賽時間
1	Waldemar Cierpinski	東德	2:11:03
2	Gerard Nijboer	荷蘭	2:11:20
3	Satymkul Dzhumanazarov	蘇聯	2:11:35

這場賽事 Cierpinski 跑得很聰明，沒有一開始就去跟配速過快的領先群；而地主蘇聯派出三位選手，分獲三、四、五名佳績，可惜過程中未能有團隊合作，互相拉抬拿下更好的成績，但這也是蘇聯（含俄羅斯時期）奧運男子馬拉松史上，拿到的唯一一面獎牌。

當時因荷蘭政府抵制，僅派出了小規模的代表團參加本屆奧運，但在奧運會期間不使用荷蘭國旗和國歌，於是銀牌得主 Nijboer 頒獎時升起的是奧林匹克委員會五環會旗，而非荷蘭國旗。

東德 Cierpinski 成為繼衣索比亞阿貝貝之後，第二位衛冕奧運馬拉松的好手。之後一直要到四十年後的二〇二一東京奧運，才出現第三位連霸跑者—肯亞的埃利烏德·基普喬蓋 Eliud Kipchoge

（二○一六里約、二○二○東京）。

在這三人中，Cierpinski 較不具知名度，受矚目程度遠低於其他兩位，主因有二：其一因他代表東德出賽，雖沒有直接證據證明 Cierpinski 有使用禁藥，但那個時期，東德確實是以國家之力，提供禁藥給運動員來提升表現，加上他過去又是個默默無名的馬拉松跑者，很難不讓人有這聯想；另一個原因則是一九七六蒙特婁、一九八○莫斯科兩屆奧運會，有許多國家抵制，好幾位當代的馬拉松好手未能參賽，導致 Cierpinski 馬拉松金牌的連霸紀錄似乎不是那麼真材實料。

---

* 本文中選手分段配速數據來自 https://www.olympedia.org/results/62258

* 因無詳細路線與高度圖，也找不到比賽全程影片，雖有部分分段配速資料似有異樣，例如 Gomaz 在二十～二十五公里只花了十四分十三秒，由於不確定這段是不是下坡，覺得速度有點過快；另外 Cierpinski 在二十五公里時掉到二十一名，但五公里後又來到第二，不知道是記錄錯誤，還是發生了甚麼狀況。這些問題就留待日後，若有找到更多的資訊再來修正。

28

一九八四洛杉磯（男子篇）

比賽日期	1984 年 8 月 12 日 17:15
比賽路線	起點 Santa Monica City College， 終點 Los Angeles Memorial Coliseum 田徑場。
參賽選手	107 人出賽（來自 59 國），78 人完賽（29 人未完成）。
世界紀錄	Robert de Castella（澳洲），2:08:18，日本福岡，1981 年 12 月 6 日。
奧運紀錄	Waldemar Cierpinski（東德），2:09:55，加拿大蒙特婁，1976 年 7 月 31 日。

　　這屆是奧運馬拉松史上，第一次增設女子組賽事，於八月五日（早男子組一週）進行。女子三千公尺也是這屆首次增設項目，之前的奧運會女子徑賽最長距離為一千五百公尺。

　　早期女性被認為是無法完成四十二點一九五公里這樣的長程耐力賽事；即使是世界上歷史最悠久的馬拉松賽——波士頓馬拉松，也是直到一九七二年才正式開放女性報名參賽。

賽前預測

上屆一九八〇莫斯科奧運馬拉松參賽者，前十名選手來了四位，包含銀牌荷蘭選手 Gerard Nijboer、第六名墨西哥 Rodolfo Gómez、第九名比利時 Karel Lismont（一九七二銀牌、一九七六銅牌）、第十名澳洲 Robert de Castella。

比利時 Karel Lismont，連同這次將是連續四屆奧運參賽。而前兩屆奧運金牌東德 Cierpinski，則因蘇聯帶頭，聯合社會主義國家抵制（上屆莫斯科奧運遭西方國家杯葛的延續），未能前來挑戰三連霸。

一九八〇至一九八四期間，世界馬拉松賽事表現最優異的三位，分別是：

1. 澳洲 Robert de Castella——一九八一福岡馬拉松以世界最佳成績獲得優勝、一九八三世錦賽馬拉松優勝。
2. 美國 Alberto Salazar——一九八〇～一九八二紐約馬拉松、一九八二波士頓馬拉松優勝。
3. 日本瀨古利彥——一九八一波士頓馬拉松，一九七八～一九八〇、一九八三福岡馬拉松優勝。（上屆一九八〇年莫斯科奧運是瀨古利彥的巔峰期，可惜日本因杯葛未參賽。）

以上三位賽前也最被看好奪冠，不過選手在馬拉松賽場上的影響表現變數太多，最終三人都沒拿到獎牌。

曾在一九七六蒙特婁奧運會被 Frank Shorter 誤認、該屆一萬公尺銀牌得主的葡萄牙長跑好手 Carlos Lopes，相隔八年重返奧

運，以三十七歲相對高齡選手身分，轉項參加馬拉松賽；過去他只跑過三場馬拉松，且只有其中一場完賽。賽前十五天，Lopes 在訓練時還遭遇車禍，當時他被撞後翻過引擎蓋，手肘撞破擋風玻璃，還好傷勢不算嚴重。

在這場比賽中，Lopes 在三十七公里時發動攻勢，把這個五公里分段配速提升為十四分三十三秒；最後他以三十五秒之差，打破奧運紀錄的成績贏得金牌。（這個紀錄後來保持了二十四年，直到二〇〇八年才被打破），這也是葡萄牙運動史上第一面奧運金牌[9]。

隔年，Lopes 在 Rotterdam 馬拉松，跑出兩小時七分十二秒，成為世上首位馬拉松突破兩小時八分的選手。

愛爾蘭選手 John Treacy 拿下銀牌，也是該國首面馬拉松獎牌。

英國則是自一九六四年 Basil Heatley 銀牌（在終點前超越円谷幸吉那位）之後，相隔二十年再次拿下馬拉松獎牌。

比賽實況

當地時間下午五點起跑，起點設在 Santa Monica City College，終點為 Los Angeles Memorial Coliseum 田徑場；大會安

---

[9] 葡萄牙在奧運史上共拿過五面金牌，全部在田徑項目，包含男女馬拉松各一面、一面女子一萬公尺、兩面男子三級跳遠。

排在馬拉松賽事結束後，緊接著晚上八點在同一場地進行的奧運閉幕式。

　　當天是個出太陽溫暖的天氣，而三位賽前被看好的選手，在比賽過程中都沒能展現一馬當先、當仁不讓的氣勢。剛出 Santa Monica City College 時，由烏干達選手領跑，但沒多久就被大集團吞沒。接著換荷蘭跑者 Cor Lambregts 衝出，之後又被集團追回；六～八公里換上屆銀牌得主荷蘭 Gerard Nijboer 出來帶，拉開約五～十公尺的距離，但不到九公里處又被集團吸收。

　　十一～十二公里，由坦尚尼亞 Juma Ikangaa、索馬利亞 Ahmed Mohamed Ismail、肯亞 Kimurgor Ngeny 三位非洲選手竄出，與主集團拉開二十公尺以上。Juma Ikangaa 在這場賽事表現很搶眼，有很長時間都在前端領跑，可惜最後僅以第六名坐收，而其餘兩位選手後段都爆掉了，最後以第四十七、六十八名完賽。這三人集團僅維持到十四公里處，又被集團收編。

　　十六～二十公里，荷蘭 Gerard Nijboer 又發動攻勢；大集團開始瓦解，逐漸形成十三人左右的奪牌集團。日本—瀨古、宗猛、宗茂，澳洲 Rob 都在集團中；地主美國 Salazar 似乎不耐熱，很早就被領先集團拉開約二十秒的距離，然後只能勉力維持著不再被拉大。

　　半馬後，路線從街道跑上 Marina Freeway 高速公路，領先集團維持穩定配速前進。

　　二十七公里下高速公路，集團開始加速，但成員多數都跟上，並沒有就此瓦解。維持這樣的態勢，直到三十二公里慢慢有人

掉隊。

三十五公里領先群剩六位，包含坦尚尼亞 Juma Ikangaa、肯亞 Joseph Nzau、日本宗猛、葡萄牙 Carlos Lopes、愛爾蘭 John Treacy、英國 Charlie Spedding；日本瀨古利彥（第七，落後六秒）、澳洲 Rob 落在更後方。

三十六公里時，英國 Spedding 先發動攻勢，六人集團再掉兩位，剩下葡萄牙 Carlos Lopes、愛爾蘭 John Treacy、肯亞 Joseph Nzau。

Rob 超越明顯力竭的瀨古，來到第七位。

三位歐洲選手越跑越快，肯亞選手必須很努力才勉強不被拉開；通過三十七公里，肯亞選手掉隊，獎牌領先群已明朗，就看誰能拿下金或銀或銅。

這時 Lopes 展現其過往奧運一萬公尺銀牌的速度實力，逐步拉開與二、三名的距離；英國與愛爾蘭選手則跑在一起，互有領先，但始終無法更靠近 Lopes。

進入三十八點四公里，剩最後三公里，在兩側民眾的熱情加油聲下，Lopes 穩定地跑進坐滿觀眾、場中央已布置好閉幕儀式舞台的體育場，以破奧運紀錄的成績（兩小時九分二十六秒），快三十五秒的優勢拿下金牌。愛爾蘭與英國選手，則纏鬥到最後一刻，John Treacy 以兩秒之差拿下銀牌，Spedding 則獲得銅牌。

日本的宗猛獲得第四名，世界最佳紀錄保持人澳洲 Rob 一度落到十名外，最後衝刺在終點前超越前段跑得很好的坦尚尼亞 Ikangaa，分獲第五名、第六名；肯亞 Nzau 則因試圖追擊領先的

三位歐洲好手，耗費太多體力，落到第七名。

　　瀨古利彥則一直處在主集團偏後方，盡力跟在尾端，最後力氣放盡，看著前位者在衝刺階段揚長而去，只以第十四名完賽（兩小時十四分十三秒）；美國 Alberto Salazar 最後階段雖有試圖加速向前追，但為時已晚，緊接在瀨古之後完賽，兩小時十四分十九秒。

　　若光看結果，非洲選手排第一位是第六名完賽的坦尚尼亞 Juma Ikangaa，但在過程中，非洲選手一直都在領先群中領跑，包含坦尚尼亞、肯亞、吉布地等好手，可惜後段無法維持住，讓三位來自歐洲的好手突圍，非洲選手竟一面獎牌都沒拿到。

比賽結果

名次	選手姓名	國籍	完賽時間
1	Carlos Lopes	葡萄牙	2:09:21 破奧運紀錄
2	John Treacy	愛爾蘭	2:09:56
3	Charlie Spedding	英國	2:09:58
4	宗猛	日本	2:10:55
5	Rob de Castella	澳洲	2:11:09 世界最佳紀錄保持人
6	Juma Ikangaa	坦尚尼亞	2:11:10
7	Joseph Nzau	肯亞	2:11:28
8	Djama Robleh	吉布地	2:11:39
14	瀨古利彥	日本	2:14:13
15	Alberto Salazar	美國	2:14:19
17	宗茂	日本	2:14:38
24	Karel Lismont	比利時	2:17:07 （連四屆奧運參賽）
57	陳長明	中華台北	2:29:57 （個人最佳成績： 1983年3月—2:18:47）
–	Gerard Nijboer	荷蘭	25—30公里棄賽 （上屆銀牌得主）
–	Rodolfo Gómez	墨西哥	25—30公里棄賽 （上屆第六名）

第一位參與奧運馬拉松的台灣人—陳長明

先前介紹了中華民國第一與第二位參與奧運馬拉松的王正林與樓文敖，而第一位參與奧運馬拉松賽事的台灣人，是一九八四洛杉磯奧運的陳長明。

陳長明，太魯閣族長跑好手，一九五五年出生於萬榮鄉西林村，台中體專畢業，曾任國中教師。參與一九八四洛杉磯奧運馬拉松賽，以兩小時二十九分五十三秒完賽，名列五十七名。他也是台灣第一位馬拉松突破兩小時二十分的選手。他曾當選十大傑出青年；後來轉換跑道投身政壇，擔任過鄉長與縣議員。二○一九年一月九日病逝，享年六十四歲。

台灣長跑年度最佳運動員—長明賞

「長明賞」設置於二○二一年，其目的在提升台灣長跑在國際田徑界之地位，並獎勵在長跑運動上具貢獻卓著之運動員，尤以在國際賽事獲得殊榮或對台灣長跑成績有重大突破之運動員為優先獎勵對象。

取名長明，主要意涵為陳長明先生對於台灣馬拉松運動具有以下三項指標性意義，故以其名作為獎項的名稱。

(一) 台灣第一位參與奧運會馬拉松項目之運動員。
(二) 台灣第一位參與世界田徑錦標賽馬拉松項目之運動員。
(三) 台灣第一位馬拉松突破兩小時二十分之運動員。

二○二一年首屆長明賞得主：男—張嘉哲、女—曹純玉，另有四十九位男女入圍者 (依據世界田徑總會計分法達八百分者)。

29

一九八四洛杉磯（女子篇）

史上第一場馬拉松賽事，是從一八九六年開始；但女子正式獲准參賽，卻是直到一九七二年的波士頓馬拉松才開放報名。

最早是人們（男人們）認為女性無法負荷這樣長距離的賽事；所以一直到一九六〇年代中期，舉辦歷史最悠久的波士頓馬拉松，仍然只有男子能參賽。

但一九六六年那年，生在麻州劍橋、成長於波士頓近郊的 Bobbi Gibb 不這麼認為，她認為女性也有能力完成馬拉松，於是在比賽日當天，跟著波馬人群奔馳，也真的完成了四十二點一九五公里的馬拉松；一九六六～一九六八連續三年她都自行跑完四十二點一九五公里的距離，完全打臉認為女性無法完成馬拉松運動的男性賽事官員們。

一九六七年另一位女性 Kathrine Virginia Switzer，則用較中性的名字縮寫「K.V. Switzer」報名了波士頓馬拉松，大會沒有察覺（當時報名表上根本沒有填性別的欄位），發給了「他」號碼布。她別上並站上起跑線，跟著其他的男子選手開跑；不過跑沒多久，就被賽事人員發現，要將她趕下場，但遭到身旁友人阻止；Katherine 雖然違反賽事規定，不過最終還是完成了比賽，而這事

件也加速促成了波士頓馬拉松在五年後的一九七二年，正式同意女性選手報名，首屆有八位女子選手參賽，也是史上首度正式馬拉松賽設女子組。

一九七三年，西德則是首次舉辦全女子的馬拉松賽事；一九八三年赫爾辛基世界田徑錦標賽，則首度增設女子馬拉松，由挪威 Grete Waitz 拿下金牌。Waitz 之前是場地賽的跑者，轉戰馬拉松後，是首位表現優異的女子馬拉松選手，曾拿下一九七九～八三年紐約馬拉松的冠軍（生涯共九次），也是一九八四年洛杉磯奧運—首屆奧運女子馬拉松賽前最被看好封后的選手。

另外來自葡萄牙的選手 Rosa Mota（一九八二年歐洲錦標賽馬拉松冠軍），以及美國 Joan Benoit（一九七九、一九八三波士頓馬拉松冠軍），也是奪牌熱門人選，Joan Benoit 在一九八三年波馬跑出兩小時二十二分四十三秒的成績，為當時世界女子馬拉松最佳紀錄。

比賽日期	1984 年 8 月 5 日 8:00
比賽路線	起點 Santa Monica City College 終點 Los Angeles Memorial Coliseum，點到點路線。
比賽距離	42.195 公里
參賽選手	50 人來自 28 國

一九八四年女子馬拉松為奧運的田徑比賽揭開序幕，起點在 Santa Monica City College 的跑道，賽前還進行了簡單的選手進場儀式；路線跑上高速公路，終點在 the Los Angeles Memorial Coliseum 主會場。

美國 Benoit 在開賽七公里就取得領先，挪威 Waitz 決定不跟隨放她走，她認為這配速太快了；但沒料到 Benoit 竟就此獨跑到終點，比 Waitz 早了一分半完賽，葡萄牙 Mota 則獲得銅牌。

比賽結果

名次	選手姓名	國籍	完賽時間
1	Joan Benoit	美國	2:24:52
2	Grete Waitz	挪威	2:26:18
3	Rosa Mota	葡萄牙	2:26:57
4	Ingrid Kristiansen	挪威	2:27:34
5	Lorraine Moller	紐西蘭	2:28:34
6	Priscilla Welch	英國	2:28:54
7	Lisa Martin	澳洲	2:29:03
8	Silvia Ruegger	加拿大	2:29:09
9	Laura Fogli	義大利	2:29:28
10	Tuija Toivonen	芬蘭	2:32:07

自一八九六年舉辦首屆奧運男子馬拉松以來，讓世界接受「女性也能跑馬拉松」這件事，沒想到竟要花上七、八十年；不得不佩服在那樣時空背景下，仍能堅持跑步與持續訓練的女性運動員。

　　這屆賽會還有一位令人印象深刻的選手，是代表瑞士參賽的 Gaby Andersen-Schiess，在中後段的第三十七位進入終點會場；剩下最後五百公尺，大會工作人員明顯看到她因高溫脫水，已無法跑直線前進；醫護人員很快來到跑道旁，詢問並觀察她的狀況；她揮手要工作人員走開，勉力蛇行前進，靠著意志力撐住身體，但跑不起來，緩慢向前移動；工作人員不敢碰她，擔心因此害她被取消資格；可是又擔心發生嚴重意外，只能跟在她身邊隨機應變。這讓人想到一九〇八年倫敦奧運的義大利人 Dorando Pietri，當年他就是因為在終點前受到工作人員的協助，而被取消資格，痛失奧運獎牌。幸好這次 Gaby Andersen-Schiess 最後在全場觀眾加油支持與醫療人員的關注下，花了七分多鐘跑完這最後的五百公尺，順利完賽；抵達終點後，立刻由醫護人員急救處理，幸好事後身體並沒有造成嚴重傷害。

Chapter 7

奧運百年，邁向千禧
（一九八八～二○○○）

30

一九八八漢城

一九八八年奧運在韓國漢城舉辦，是亞洲第二個舉辦奧運的城市。

二〇〇五年，韓國宣佈「首爾」是서울（Seoul）的唯一中文名。一般認為這是「去漢化」的政策之一，但一九八八年漢城奧運，若改稱為首爾奧運，總覺得哪裡怪怪的。

當年田徑場上媒體關注的焦點在一百公尺短跑—誰是世界跑得最快的飛毛腿；上屆奧運會狂拿四面金牌的美國名將卡爾·路易士（Carl Lewis）（一百公尺、兩百公尺、四百公尺接力、跳遠），將對決前一年創下九秒八三世界紀錄的加拿大短跑好手班·強森（Ben Johnson）。

一九八八年九月二十四日，兩強對決的日子，在萬眾矚目下，雙雙跑出個人最佳成績，路易士維持高水準表現，跑出九秒九二，小破個人最佳紀錄零點零一秒；沒料到的是班·強森以驚人的九秒七九破世界紀錄之絕對優勢率先衝線，粉碎了路易士想要完成奧運連霸的壯舉。

英國克里斯蒂（Linford Christie），以九秒九七奪得銅牌。

沒想到兩天後，班·強森藥檢沒過，被取消了金牌，由路易士

遞補。

　　運動迷都在問──甚麼是禁藥？為甚麼要吃？吃了真的會跑比較快嗎？奧運金牌怎麼能被收回呢？

　　班・強森這「不在乎天長地久，只在乎曾經擁有」地站上奧運頒獎台頂端，享受了兩天榮耀，然後成了落水狗，這樣的選擇真的值得嗎？

　　田徑場上，不只是男子一百公尺，女子一百公尺賽事也備受矚目，美國「花蝴蝶」葛瑞菲斯（Griffith Joyner），在奧運前的選拔賽中，以誇張的十秒四九大破原世界紀錄（十秒七六）；大家等著看她在奧運場上的表現；她也不負眾望，在資格賽時就以十秒六二打破奧運紀錄，決賽更在超風速下，跑出十秒五四（+3.0公尺／秒─超風速）的成績奪金，並在本屆賽會接連拿下一百公尺、兩百公尺、四百公尺接力三面金牌，與一千六百公尺接力銀牌。

　　葛瑞菲斯與路易士在奧運場上的強勢表現，成了筆者當年觀看奧運留下的印象。卡爾・路易士生涯在奧運會共拿下九金一銀的成績，更創下跳遠奧運四連霸的紀錄；他曾在二○一七年臺北世大運期間帶隊來台灣比賽。

　　葛瑞菲斯則在一九八四、一九八八兩屆奧運拿下三金二銀，她的一百公尺世界紀錄一直保持至今，甚至是直到二○二一年，才有牙買加選手 Elaine Thompson-Herah 在東京以十秒六一打破維持三十三年的奧運紀錄，相隔一個月後再以十秒五四逼近花蝴蝶的世界紀錄。

　　葛瑞菲斯已在一九九八年九月二十一日於家中睡夢中過世，

享年三十八歲。驗屍官判定死因為嚴重癲癇發作時窒息。這意外讓人對其當年不可思議的成績再起疑心，她在一九八八賽季開始前之最佳成績為十秒九六，然後以零點四七秒的躍進大幅改寫自己的最佳成績，接著在奧運拿下三金，卻在隔年突然決定從選手身分退休；雖然她通過了所有的藥檢，但是否藉由當時測不出的藥物來提升成績，因此產生後遺症，導致後來的猝死？隨著當事人的離去，也成了一件永遠無法求證的謎團。

回到這一屆的馬拉松場上。

一九三六年柏林奧運馬拉松冠軍孫基禎（當時代表日本），在一九八八年時擔任韓國體育協會會長，大會特別安排他手持火炬，身穿韓國運動服，將聖火帶進開幕式會場。

比賽日期	1988 年 10 月 2 日 14:35
比賽路線	起終點為首爾奧林匹克主競技場（蠶室奧林匹克主競技場），迴圈之去回路線沿著漢江兩岸左去右回。
比賽距離	42.195 公里
氣　　候	氣溫攝氏 24.5 度，濕度 74%，陽光普照。
參賽選手	118 名來自 66 國，有 98 人完賽。
世界紀錄	Belayneh Densamo（衣索比亞），2:06:50，荷蘭鹿特丹，1988 年 4 月 17 日。
奧運紀錄	Carlos Lopes（葡萄牙），2:09:21，美國洛杉磯，1984 年 8 月 12 日。

本屆跑者中，曾參與上屆奧運馬拉松的有銀牌愛爾蘭 John Treacy、銅牌英國 Charlie Spedding、第五名澳洲 Robert de Castella、第六名坦尚尼亞 Juma Ikangaa。

上屆奧運結束到本屆奧運這段期間，非洲長距離跑者逐漸在國際馬拉松賽場上嶄露頭角，包含東非吉布地、肯亞、衣索比亞三國在內的多位好手，其中又以吉布地 Hussein Ahmed Salah 與肯亞 Douglas Wakiihuri 為代表。

另外曾為世界紀錄保持人的澳洲 Rob de Castella，贏得一九八六波士頓馬拉松（兩小時七分五十一秒），同年也獲得大英國協運動會金牌；義大利 Gelindo Bordin 則是一九八六年歐洲冠軍、一九八七年世錦賽金牌；日本瀨古利彥也被看好。

本屆衣索比亞未報名參加，剛在一九八八年四月荷蘭鹿特丹馬拉松創下新世界紀錄的 Belayneh Densamo 無緣出賽。

中華人民共和國自一九八四洛杉磯重返奧運會後，這屆漢城奧運首次派出蔡尚岩與張國偉兩位選手參與馬拉松；中華台北這次在馬拉松項目沒有人出賽。

非洲選手共有三十六人，來自二十國，在奧運馬拉松參賽人數上，首次超越來自歐洲國家的選手（二十八人），成為最多參賽者的洲。

義大利 Gelindo Bordin 獲得金牌，是義大利首面奧運馬拉松金牌，過去曾在一九二○、一九二四年拿下銅、銀牌。

肯亞 Douglas Wakiihuri 奪銀，是肯亞選手的第一面奧運馬拉松獎牌；東非小國吉布地— Hussein Ahmed Salah 獲銅牌。

比賽實況

因氣溫高，起跑後，選手採取較保守的配速，以保留體力，第一個五公里費時十五分三十一秒；二十一公里時，墨西哥 Martin Mondragon 衝上最前頭，以一小時四分四十秒通過；但不久就落到後方去。

二十五公里時，領先集團仍有十三位跑者，包含兩位日本選手瀨古利彥與中山竹通，而澳洲選手也還有兩位。

二十九公里時，領先群剩十一人；三十公里時，義大利 Bordin 率先發動攻勢，加速前進，跟得上的僅剩六位選手，他們之中將競爭最終的三面獎牌。

三十二公里時，換日本中山竹通出來帶，領先群中的其他人是肯亞 Douglas Wakiihuri、吉布地 Ahmed Salah、坦尚尼亞 Juma Ikangaa，以及義大利 Bordin、英國 Charlie Spedding。

三十四公里，仍維持六人的領先團；第七位是澳洲 Steve Moneghetti，日本名將瀨古利彥則落到第八。

三十五點七五公里，領先群縮編成四位，分別是日本中山竹通、肯亞 Douglas Wakiihuri、吉布地 Ahmed Salah、義大利 Bordin。

三十七公里處，領先群再加速，中山竹通掉隊，最後形成三人奪獎牌集團。

賽前被看好的 Bordin 與 Salah 都還在領先群，倒是澳洲 de Castella 落在後方。

三十八公里時，Salah 先發動攻勢，加速擺脫其他兩位跑者，位居領先，Wakiihuri 緊跟其後，但仍被拉開到二十公尺的距離。

　　但在四十公里時，原先落到第三的 Bordin 竟從後方趕了上來，先超過肯亞 Douglas Wakiihuri，並在四十點六公里時直接超過速度變慢的 Salah，而 Salah 被超過時露出了不可置信的表情；過早發力的他未能擺脫擊潰主要競爭者，反倒因氣力放盡，身心俱疲，再被肯亞 Douglas Wakiihuri 超過。

　　最後階段是個緩下坡，Bordin 越跑越有力，拉大與第二名的差距，直奔奧林匹克運動場。Bordin 率先進入跑道，以兩小時十分三十二秒贏得金牌，Wakiihuri 銀牌，Salah 銅牌，三人前後僅差距二十七秒，是自一九二〇安特衛普奧運馬拉松後，前三名競爭最激烈的一次。

　　地主南韓表現最佳選手為第十八名的 Kim Won-Tak，成績為兩小時十五分四十四秒。兩位中國選手分別拿下第二十六與三十八名。

比賽結果

名次	選手姓名	國籍	完賽時間
1	Gelindo Bordin	義大利	2:10:32
2	Douglas Wakiihuri	肯亞	2:10:47
3	Hussein Ahmed Salah	吉布地	2:10:59
4	中山竹通	日本	2:11:05
5	Steve Moneghetti	澳洲	2:11:49
6	Charlie Spedding	英國	2:12:19
7	Juma Ikangaa	坦尚尼亞	2:13:06
8	Robert de Castella	澳洲	2:13:07
9	瀨古利彥	日本	2:13:41
10	Ravil Kashapov	蘇聯	2:13:49
18	Kim Won-Tak	南韓	2:15:44
26	蔡尚岩	中國	2:17:54
38	張國偉	中國	2:22:49

31

一九九二巴塞隆納

　　這屆奧運會，是自一九七二年以來，終於沒有任何一個國家發動杯葛。

　　相隔三十二年，之前因種族隔離政策被禁賽的南非重返奧運會；這屆也是最後一次夏季奧運與冬季奧運在同一年舉辦；之後開始錯開，改成每隔兩年會有一場冬季或夏季奧運。

　　主辦城市為西班牙巴塞隆納，正是當時國際奧會主席薩馬蘭奇 Juan Antonio Samaranch（擔任主席期間一九八〇～二〇〇一）的故鄉。在他任內促成了南非、中國（兩岸問題）重返奧運；擴大女性參與；對職業選手開放；申辦城市增加；商業贊助與轉播權利金增長驚人；讓奧運成為一場體育、經濟、政治完美結合的世界盛會。

　　國際局勢上，上屆奧運到這屆期間，蘇聯解體、東西德統一，過去體壇兩大強權蘇聯與東德，改以新身分參賽。愛沙尼亞、立陶宛、拉脫維亞等幾個隸屬前蘇聯的國家，選擇獨立組隊參加；但仍有十二個前蘇聯地區以組成「聯合隊—獨立國協」的方式參與本屆奧運。

　　過往在古柏坦時期強調業餘參賽的奧運會，近年由於競爭激

烈與訓練專業化，加上業餘與職業運動員的界定不容易，奧運各項目已逐漸放寬職業選手參賽的限制，而本屆最受矚目的，是美國籃球國家隊將由 NBA 現役明星組成（過去僅選派大學選手組隊），這支夢幻隊，包含麥克喬丹 Michael Jordan、魔術強森 Magic Johnson、大鳥博德 Larry Bird 等人，籃球迷等著看夢幻隊如何在奧運賽場上大殺四方。

而棒球運動歷經一九八四洛杉磯、一九八八漢城兩屆示範賽後，首次成為奧運正式項目，中華台北在郭李建夫優異的表現下，拿下銀牌，這也是目前為止，中華台北在奧運賽場上，唯一的一面大團隊球類獎牌（不算桌、羽球雙打組合）。

回到馬拉松賽場。

一九八八上屆奧運獲前八名的選手，這次有七位出賽，包含金牌義大利 Gelindo Bordin、銀牌肯亞 Douglas Wakiihuri、銅牌吉布地 Hussein Ahmed Salah、第四名日本中山竹通、第五、八名澳洲 Steve Moneghetti 與 Robert de Castella、第七名坦尚尼亞 Juma Ikangaa。另加上一九九一年世錦賽馬拉松冠軍日本谷口浩美（兩小時十四分五十七秒），高手雲集，唯一遺憾的是世界紀錄保持人衣索比亞 Belayneh Dinsamo 仍舊未報名。

賽前是各個有機會，沒人有把握，因為這幾年在馬拉松國際賽事上，並沒有特別占優勢的領先者。

比賽日期	1992年8月9日 18:30
比賽路線	起點 Mataró 鎮（位於巴塞隆納東北方），終點 Olympic Stadium，點到點路線。
比賽距離	42.195公里
參賽選手	110人來自72國，87人完賽
世界紀錄	Belayneh Densamo（衣索比亞），2:06:50，荷蘭鹿特丹，1988年4月17日。
奧運紀錄	Carlos Lopes（葡萄牙），2:09:21，美國洛杉磯，1984年8月12日。

賽事前段沿著平坦的 Catalan coast 海岸線跑，但在結束前必須從 Montjuïc「野蠻」地爬升兩段上坡，途中海拔上升近一百公尺，然後抵達終點奧林匹克田徑場。

比賽實況

比賽當天天氣炎熱，甚至因此延遲到晚上六點半才起跑；巴塞隆納緯度偏高，夏季此時天色還是亮的，但起跑氣溫仍高達二十七度。大會預測前段跑者完賽時，已接近閉幕典禮預計開始的時間；於是決定超過兩小時四十五分未能完賽的選手，將無法進場，只能跑另一路線，在主體育場旁的暖身跑道抵達終點。

受高溫影響，起跑後大家配速都偏慢地跑在一起，大約以每

五公里十六分鐘的速度前進。也因為較慢的配速，一直到二十公里時，領先群還有高達三十位跑者。

在二十二點五公里水站時，發生了點狀況—日本隊谷口浩美在拿補給過程中，不小心絆到其他選手而跌倒，還掉了一隻鞋子；而上屆金牌義大利 Bordin 在旁遭到波及；他緊急閃避、不想踩到倒在地上的谷口，瞬間改變跑姿與方向而抽筋，最後竟未能完賽。谷口則是回頭把鞋穿上，試著再趕上領先集團。

二十五～三十公里段，由三位亞洲選手率先突圍，韓國 Kim Wan-Gi 與黃永祚、日本森下廣一跑在最前頭；德國 Stephan Freigang 與日本中山竹通則形成第二集團落在不遠處。

三十三～三十四公里處，韓國 Kim 嚴重掉速失去競爭力，一路落到後方，最終僅以第二十八名完賽。

三十五公里時，前方領先者只剩下韓國黃永祚與日本森下廣一，德國 Freigang 約落後十一秒；領先者即將抵達 Montjuic 山腳下。

三十八～四十公里是一段崎嶇的丘陵賽道，黃永祚利用一個下坡路段加速擺脫森下，取得單獨領先。

日韓兩位領先者都曾拿過亞運會一萬公尺金牌，基本速度都不錯，但跑馬拉松的經驗都較少，就看誰能堅持到最後。

原位居第四的日本中山超車德國 Freigang，上升到第三，但兩人仍緊鄰跑在一起。

終點前最後一段，竟是個上坡要跑上奧林匹克體育場；這路線安排，對選手真的很殘酷與虐心。

最後黃永祚以兩小時十三分二十三秒獲得金牌，這是自一九六八年墨西哥市奧運以來，奧運馬拉松奪冠最慢的一次。（當年因在高海拔比賽，空氣較稀薄，選手成績都偏慢。）

但黃永祚的後半馬比前半馬要快上八十一秒，即便是後段還有個明顯的爬坡，由此可見前段大集團配速之保守。森下被甩開後，就沒能再跟上，慢了二十二秒抵達終點，拿下銀牌；日本中山與德國 Freigang 一前一後地跑進田徑場，Freigang 在最後兩百公尺加速超越中山，以兩秒優勢奪銅。中山竹通繼上屆漢城奧運以六秒之差與奧運獎牌擦身而過後，這次更僅差兩秒，連續兩屆拿下馬拉松第四名，悲情地兩次錯過站上奧運頒獎台。

這面金牌與銀牌在韓、日的馬拉松歷史上意義重大。

日本是自一九六八年君原健二的銀牌以來，再度拿下馬拉松獎牌，而之後男子選手就沒能再站上奧運馬拉松頒獎台。

韓國則是繼一九三六年柏林奧運代表日本奪金的孫基禎後，奧運史上首面真正屬於韓國的馬拉松獎牌，而拿下金牌的正是由孫指導的弟子黃永祚，傳承意味十足；且最後階段競爭的對手又剛好是日本人。

這屆前十名中，日韓選手竟占據了其中五位（韓一、十名；日二、四、八名）。

比賽結果

名次	選手姓名	國籍	完賽時間
1	黃永祚	南韓	2:13:23
2	森下廣一	日本	2:13:45
3	Stephan Freigang	德國	2:14:00
4	中山竹通	日本	2:14:02
5	Salvatore Bettiol	義大利	2:14:15
6	Salah Kokaich	摩洛哥	2:14:25
7	Jan Huruk	波蘭	2:14:32
8	谷口浩美	日本	2:14:42
9	Diego García	西班牙	2:14:56
10	Kim Jae-Ryong	南韓	2:15:01
30	Hussein Ahmed Salah	吉布地	2:17:07 （上屆銅牌）
36	Douglas Wakiihuri	肯亞	2:19:38 （上屆銀牌）
DNF	Gelindo Bordin	義大利	－ （上屆金牌）

32

一九九六亞特蘭大

　　一九九六年第二十六屆奧運會，是古柏坦一八九六年復興奧運一百周年。

　　申辦城市中，原本最被看好的是希臘雅典，在奧運百年時重返第一屆的舉辦城市，一切看似很完美；沒想到前兩輪投票還領先的雅典，在第三輪被亞特蘭大追平，最後廝殺到第五輪敗下陣來（原先支持加拿大多倫多的票，大多轉向投給亞特蘭大）。

　　亞特蘭大以黑馬之姿，意外拿下這百年奧運的主辦權。

　　奧運期間，位於市中心的奧林匹克百年公園發生了恐怖攻擊爆炸案，在上千人參與的音樂會上，一名警衛 Richard Jewell 眼尖發現座位上有可疑物品，經查認為是枚炸彈，趕緊疏散民眾，但仍爆炸造成兩名民眾死亡，上百名遊客受傷。而這名本應被當英雄看待的警衛，後來竟被懷疑是放置炸彈的嫌疑犯，遭受媒體許多不公正的譴責，讓他的人生陷入困境。二〇一九年上映的電影《李察朱威爾事件》，正是描述這段故事。

　　查明真相後，主嫌其實是基督教恐怖主義組織，目的是不滿民主黨政府在墮胎議題的立場，想藉此攻擊，迫使正在舉行中的奧運會取消。

備受全球關注的奧運會，似乎總是會被有心人士利用拿來作為發聲的管道；所謂政治歸政治，體育歸體育，或許是個不切實際的理想口號。

來到百年奧運馬拉松會場。

比賽日期	1996 年 8 月 4 日 7:05
比賽路線	起終點 Centennial Olympic Stadium，起跑後先繞行奧林匹克運動場 3.5 圈，然後向北跑再折回來，去回路線但非原路折返。
比賽距離	42.195 公里
參賽選手	124 人來自 79 國家，111 人完成比賽。
世界紀錄	Belayneh Densamo（衣索比亞），2:06:50，荷蘭鹿特丹，1988 年 4 月 17 日。
奧運紀錄	Carlos Lopes（葡萄牙），2:09:21，美國洛杉磯，1984 年 8 月 12 日。

一方面為避開亞特蘭大夏季的溼熱天氣，另一方面也避免因賽事進行而影響閉幕典禮的準備（終點也是閉幕場地），奧運會首次將馬拉松起跑時間訂在上午七點（過去百年來都是在下午或傍晚）。上午十點大部分選手完賽時，溫度來到攝氏二十六度，濕度則是百分之八十。

這屆也是首次將馬拉松頒獎安排在閉幕典禮時進行，由南非 Josia Thugwane 奪金[10]，上次南非選手獲得優勝，要追溯到

一九一二年的斯德哥爾摩奧運會。

參賽選手中，有上屆銅牌得主德國 Stephan Freigang、第五名義大利 Salvatore Bettiol、第八名日本谷口浩美、第九名西班牙 Diego García。

世錦賽衛冕冠軍西班牙 Martín Fiz、世界紀錄保持人衣索比亞 Belayneh Dinsamohe 也來了，後者總算首次參加奧運會，只是他保持的世界紀錄是早在八年前創下，這次參賽可能已經過了他的巔峰期。

比賽實況

比賽前段，考量濕熱的天氣，配速偏慢，這似乎也成為奧運馬拉松典型的開場。

領先集團有將近一半的參賽者（六十人），一直跑到超過半程的二十四公里時，賽況才開始起了變化。三位南非選手在隊伍最前方併排跑著，形成一道牆，並共同加快了配速。韓國李鳳柱（Lee Bong-Ju）選擇跟上加入他們，大集團漸漸拉長解體；二十七公里時，南非 Josia Thugwane 再一次提速挑戰其他人，僅李鳳柱回應並跟上；同時間，原本落在後方的肯亞 Erick Wainaina，以更快的速度追了上來，形成三人集團。

三人交互領先多次，彼此纏鬥十多分鐘，Thugwane 在接近奧林匹克體育場時，總算拉出些微優勢，當他通過由場外要進入田徑場跑道的隧道時，韓國李鳳柱則超越了肯亞 Wainaina 搶在第二；

三人繞田徑場一圈後依序衝線，前後時間僅差八秒，是奧運馬拉松史上金銀銅牌競爭最激烈的一次。

　　金牌選手南非 Josia Thugwane，賽前並不具知名度；三秒後奪銀的韓國李鳳柱，是繼上屆黃永祚拿下金牌後，韓國選手連兩屆站上馬拉松頒獎台；再過五秒後，則是肯亞 Erick Wainaina 抵達，獲得銅牌，這是肯亞奧運馬拉松史上第二面獎牌（上一面是一九八八年的銀牌，肯亞的第一面金牌是在二〇〇八北京奧運）。

---

10 Josia Thugwane，是南非首位拿下奧運金牌的黑人選手，這對過去長期實行種族隔離政策的南非來說，具有逐步邁向平權的象徵意義（過去黑人要代表南非是沒機會的）；而他在奧運馬拉松賽前五個月，曾在南非遭到搶劫與槍擊，當時他從行駛中的汽車跳下，著地時傷了背，子彈還擦過他的下巴留下傷痕；即使受到這樣的意外，他仍能快速恢復與調整，最終拿下奧運優勝。

* 本屆奧運還有一位重要人物，台灣馬拉松現任紀錄保持人許績勝，也在出賽選手中。這是繼一九八四年陳長明之後，相隔十二年，再有中華台北選手參加馬拉松賽事。

比賽結果

名次	選手姓名	國籍	完賽時間
1	Josia Thugwane	南非	2:12:36
2	李鳳柱	南韓	2:12:39
3	Erick Wainaina	肯亞	2:12:44
4	Martín Fiz	西班牙	2:13:20
5	Richard Nerurkar	英國	2:13:39
6	Germán Silva	墨西哥	2:14:29
7	Steve Moneghetti	澳洲	2:14:35
8	Benjamin Paredes	墨西哥	2:14:55
9	Danilo Goffi	義大利	2:15:08
10	Luíz Antônio dos Santos	巴西	2:15:55
19	谷口浩美	日本	2:17:26
54	大家正喜	日本	2:22:13
57	許績勝	中華台北	2:23:04
DNF	Belayneh Dinsamo	衣索比亞	世界紀錄保持人
DNF	Stephan Freigang	德國	上屆銅牌得主

許績勝

一九八八年許績勝從省立體專畢業後，本由紀政女士推薦與安排，準備前往美國田徑俱樂部，但因未能爭取到教練費、訓練費、場地費等相關費用之贊助，無法成行。剛好這時日本名古屋商科大學也來台招生，提供獎學金名額，並希望其中能有具長跑專長的運動員，他們想藉此提升該校驛傳隊的實力；學校開出的條件很豐富，包含資助學雜費、訓練費、生活費、服裝費、來回機票、免費食宿等，最後許績勝決定前往名古屋商科大學產業經營學系就讀。

名古屋商科大學並不屬於關東學連的學校，所以並不會參加箱根驛傳；學校長跑隊的重點賽事，是每年十一月在名古屋舉行，從熱田神宮到伊勢神宮的全日本大學驛傳。

許老師大學連續四年參賽，並在大三時拿到一區區間賞（在該區跑出最快成績的選手），這在高手如雲的日本大學驛傳賽場上，是非常不容易的事。也因這樣的好表現，讓許老師在日本知名度大增，大四時獲得至少三家實業團的邀請。

最終選了剛成立陸上競技部不久的「佐川急便」，考量相較於其他單位，應能獲得較多的機會與照顧。

一九九二年進入實業團，除了練跑之外，每周仍要上班四天，但時數較短；一九九三年突破多項個人紀錄，並在一九九五年二月的別府馬拉松，創下兩小時十四分三十五秒的全國紀錄，至今仍無人能破；而實業團隊友大家正喜，

則在同年三月的福岡馬拉松跑出兩小時九分三十三秒，雙雙達到一九九六年亞特蘭大奧運馬拉松參賽 A 標，分別入選中華台北與日本國家代表隊。佐川急便因同時擁有兩位奧運選手而獲得極大媒體效應，當時許老師狀況正好，自信滿滿地將馬拉松目標直指突破兩小時十分。

可惜後來膝蓋出了些狀況，後經判定為先天性膝蓋骨分裂症，若開刀治療再加上復建，肯定趕不上一九九六年的亞特蘭大奧運會，最後決定不動手術，以積極養傷治療來面對。最終在炎熱的奧運賽道上，跑出第五十七名兩小時二十三分四秒差強人意的成績，沒能將全國紀錄再往前推進，但這仍是台灣選手至今（二○二二）在奧運馬拉松賽場上，歷屆來的最快成績。實業團的隊友大家正喜，則跑出兩小時二十二分十三秒（第五十四名）。

33

二〇〇〇雪梨

比賽日期	2000 年 10 月 1 日 16:00
比賽路線	起點在雪梨北方的 Miller Street，終點奧林匹克體育場，點到點路線。
比賽距離	42.195 公里
參賽選手	100 人來自 66 國，81 人完賽。
世界紀錄	Khalid Khannouchi（摩洛哥），2:05:42，美國芝加哥，1999 年 10 月 24 日。
奧運紀錄	Carlos Lopes（葡萄牙），2:09:21，美國洛杉磯，1984 年 8 月 12 日。

　　西元二〇〇〇年奧運會，澳洲雪梨在經過四輪投票（前三輪都居第二）後，險勝北京，拿到首次在千禧年舉行的奧運會主辦權。（不知道西元三千年時奧運會還在嗎？）

　　這是澳洲第二次舉辦奧運會，上一次是一九五六年在墨爾本；也是奧運第二次在南半球舉行。

　　奧運期間（九月十五日～十月一日）時為南半球春季，相較於

北半球奧運多在夏季舉辦，這次奧運馬拉松比賽日的氣溫要涼爽的多；但路線較多上下起伏，成了選手新的挑戰。

十月一日是澳洲初春的季節，是奧運馬拉松史上數一數二涼爽的氣候。

上屆參賽的選手中，金銀銅牌得主這次都沒缺席；金牌南非 Josia Thugwane、銀牌南韓李鳳柱、銅牌肯亞 Erick Wainaina；第四名西班牙 Martín Fiz、第七名澳洲 Steve Moneghetti、第八名墨西哥 Benjamin Paredes 也都來了。

摩洛哥 Khalid Khannouchi 剛在一九九九年創下世界最佳成績，但他在二○○○年轉籍成美國公民，未能來得及取得奧運參賽資格。西班牙 Abel Anton 則是贏得近兩屆世錦賽馬拉松優勝。

每個國家或地區，若選手在規定的資格賽期間內，能跑進 A 標兩小時十四分，最多可有三個選手出賽。假如該國家或地區沒有人能達到 A 標，但有人達 B 標兩小時二十分，則可派一名選手參加。

這幾年國際馬拉松賽場上，並沒有成績特別具優勢的個人跑者，但東非—肯亞與衣索比亞兩國整體實力仍佔優勢；若非奧運馬拉松有限制一個國家最多只能派三名跑者參賽，否則以這兩國擁有大量世界級實力的跑者，霸占前半部名次的機會是很大的，也因此這兩國國內的選拔賽，競爭之激烈可能更勝於奧運會之比賽。

前來衛冕的上屆冠軍南非 Josia Thugwane，最後僅以二十名完賽；上屆銀牌韓國李鳳柱則獲得二十四名。兩屆世錦賽馬拉松冠軍西班牙 Abel Anton，更僅以五十三名完賽。

賽前不具知名度的兩位衣索比亞跑者，站上了頒獎台；Gezahegne Abera 拿下金牌，這是該國自一九六〇、一九六四、一九六八三連霸後，相隔三十二年，第四次拿下奧運馬拉松優勝，成為馬拉松金牌榜的領先國。

　　二十秒後，第二位衝線的是上屆銅牌得主肯亞的 Erick Wainaina，連續兩屆奪牌；他也是史上第六位拿下複數奧運馬拉松獎牌的選手（一九九六銅、二〇〇〇銀）。

　　第三名則是另一位衣索比亞選手 Tesfaye Tola，衣索比亞也成為繼南非一九一二年後，第二個在單屆奧運馬拉松拿下兩面獎牌的國家。

比賽實況

　　開賽前段，來自非洲南部國家 Botswana 波札那的 Tiyapo Maso，就以驚人的速度在大集團前方獨跑，五公里十五分零一秒、十公里二十九分五十八秒，相較於主集團五公里十五分三十六秒、十公里三十一分二十二秒；在十公里處已有一分二十四秒的差距；兩者中間則還有一位委內瑞拉選手 Jose Alejandro Semprun。

　　Tiyapo Maso 雖持續領先，但差距逐漸被集團縮小；委內瑞拉選手則在十五公里之後就落到後方。

　　十五公里段，Maso 四十五分五秒，集團四十六分十六秒；二十五公里段，Maso 一小時四十六秒，集團一小時一分三十九秒；半程時，Maso 一小時四分二十七秒，集團一小時四分五十一

秒；二十五公里，Maso 一小時十六分五十五秒，集團一小時十六分五十八秒，此時已幾乎被集團吞併；三十公里，領先者換成八人集團一小時三十二分四十八秒；Tiyapo Maso 以一小時三十六分二十二秒通過，已落到第三十七名。

三十二公里左右，領先集團再縮編為四人，包含兩位衣索比亞 Gezahegne Abera 與 Tesfaye Tola、一位肯亞 Erick Wainaina、與英國 Jon Brown。

三十五公里處，Jon Brown 落後到八秒，看來將由三位非洲選手進行最後的獎牌爭奪戰。

三十九公里時，衣索比亞 Gezahegne Abera 發動攻勢加速，僅肯亞 Erick Wainaina 跟上，Tesfaye Tola 掉隊；四十公里時，Gezahegne Abera 拉開與 Wainaina 距離有四秒，且持續擴大中，自此獎牌榜大勢底定。

Gezahegne Abera 以兩小時十分十一秒拿下金牌；肯亞 Erick Wainaina 較上屆進步一名，拿到銀牌；Tesfaye Tola 拿下銅牌；英國 Jon Brown 第四。

前段高速領跑的兩位選手，Tiyapo Maso 最後嚴重失速，僅以兩小時三十八分五十三秒排名第七十七；委內瑞拉 José Alejandro Semprún 更是跑到「破三」的三小時二秒，在八十一位完賽者中，排名第七十九；這再次證明在馬拉松賽事上，前段超速的代價有多大。

亞洲男子選手在本屆賽事表現不理想，最好成績為日本川嶋伸次的兩小時十七分二十一秒，排名二十一名；韓國李鳳柱第二十四名。

比賽結果

名次	選手姓名	國籍	完賽時間
1	Gezahegne Abera	衣索比亞	2:10:11
2	Erick Wainaina	肯亞	2:10:31
3	Tesfaye Tola	衣索比亞	2:11:10
4	Jon Brown	英國	2:11:17
5	Giacomo Leone	義大利	2:12:14
6	Martín Fiz	西班牙	2:13:06
7	Abdelkader El Mouaziz	摩洛哥	2:13:49
8	Mohamed Ouaadi	法國	2:14:04
9	Tendai Chimusasa	辛巴威	2:14:19
10	Steve Moneghetti	澳洲	2:14:50
20	Josia Thugwane	南非	2:16:59
21	川嶋伸次	日本	2:17:21
24	李鳳柱	南韓	2:17:57

Chapter 8

從雅典到東京
(二〇〇四～二〇二〇)

34

二〇〇四雅典

比賽日期	2004年8月29日 18:00
比賽路線	點到點，起點為馬拉松市，終點則設在雅典奧運當時的主場館—有著大理石馬蹄形看台的帕那辛納克體育場（Panathenaic）。
比賽距離	42.195公里
參賽選手	101人來自59國。
氣　　候	起跑溫度攝氏30度，濕度39%。是奧運馬拉松史上有紀錄的高溫。
世界紀錄	Paul Tergat（肯亞），2:04:55，德國柏林，2003年9月28日。
奧運紀錄	Carlos Lopes（葡萄牙），2:09:21，美國洛杉磯，1984年8月12日。

　　二〇〇四年雅典奧運，相隔一百零八年後奧運重返希臘雅典；中華台北在跆拳道項目由陳詩欣拿下奧運首金，朱木炎緊接拿下第二面；筆者誤打誤撞成了奧運志工，開啟之後追著奧運看世界的旅程。

　　世界第一場馬拉松國際賽，是在一八九六年首屆奧運會時舉辦。起點為馬拉松市，終點則設在雅典奧運當時的主場館—有著大

理石馬蹄形看台的帕那辛納克體育場（Panathenaic）；當時還沒有定義標準馬拉松的距離為四十二點一九五公里，比賽距離只有四十公里上下。

而這次相隔百餘年後，奧運「回到雅典」，而歷史上首次舉辦的奧運馬拉松，比的正也是看誰能先「回到雅典」—用跑的。

奧運馬拉松重返故地，起終點的選擇自然要忠於歷史，但需要修正的是得將距離補足到標準馬拉松的四十二點一九五公里。

有一百零一位跑者站上起跑線，來自五十九國，最終八十一人完賽。

當時參賽標準為—A標兩小時十五分與B標兩小時十八分，在規定的期間內，有選手在認證賽事達A標之會員國或地區，最多可派出三位選手；若沒人達A標，但有達B標之國家或地區，則可派一名選手。（與上屆雪梨奧運A標兩小時十四分、B標兩小時二十分略有不同。）

上屆參賽並在本屆回歸的選手包含銀牌肯亞Erick Wainaina、第四名英國的Jon Brown。

奧運前一年，二〇〇三年世錦賽馬拉松冠軍摩洛哥Jaouad Gharib與現任世界紀錄保持人肯亞Paul Tergat也都出賽。

最終由義大利Stefano Baldini獲得金牌，美國Meb Keflezighi奪銀，巴西Vanderlei de Lima銅牌，這也是巴西首面奧運馬拉松獎牌。

比賽實況

第一個五公里，蒙古選手 Bat-Ochiryn Ser-Od（他之後連續參加了五屆奧運馬拉松，還在二〇二二世錦賽以四十歲大齡選手身分，跑出兩小時十一分三十九秒的成績。）以十五分五十七秒率先通過，但第八十五位通過的選手也僅落後十五秒，起跑後，大部分選手選擇跑在一起。

天氣很熱，許多人跑起來表情凝重，可以預測今天會是場硬仗。

十公里—三十一分五十四秒，配速仍很保守，巴西 de Lima 竄到第一，不過差距十五秒內的選手仍有六十六位。

此時中國韓剛也曾到前頭領跑了一段。

十五公里—四十八分十五秒第一位通過，之後十五秒內仍有五十六位選手。

此時南非 Hendrick Ramaala 先突圍殺出，但在一上坡段很快又被集團吞沒。不一會他又再一次進行攻擊，與大集團拉出二十秒的差距；而這時大集團的領跑者是另一位南非選手 Ian Syster，頗有要重現一九九六亞特蘭大奧運由南非選手再奪冠的氣勢。

但在接近二十公里的另一上坡路段，原取得二十秒以上領先的 Hendrick Ramaala，再一次被大集團追上吸收，看來這位選手的罩門可能是跑上坡。此時本在集團內的巴西 de Lima 趁勢直接超越，取代 Hendrick 原先獨跑的位置，並拉開與主集團的距離，率先以一小時七分二十三秒通過半程，領先第二名追趕集團有十五

秒（集團此時約二十五人）。

二十五公里，de Lima 以一小時十九分三十二秒通過，距離拉到三十四秒，集團開始分散裂解，剩下八人，包含英國 Jon Brown、衣索比亞 Ambesse Tolosa、摩洛哥 Jaouad Gharib、美國 Mebrahtom Keflezighi、義大利 Stefano Baldini、肯亞 Erick Wainaina（兩屆奧運馬拉松獎牌得主）、Paul Tergat（當時世界紀錄保持人）、日本 Shigeru Aburaya（油谷繁）。

大家汗流浹背，都受高溫所苦，此場除了本身實力外，比的更是誰比較能耐熱。還好後段隨著太陽西下，氣溫慢慢降低。

de Lima 穩健地跑在前方，三十公里——一小時三十五分二秒通過，已領先追趕集團達四十六秒；再過一、兩公里，此時追趕集團僅剩下義大利 Stefano Baldini、肯亞 Paul Tergat、美國 Mebrahtom Keflezighi 三位。

三十五公里時，一小時五十分八秒通過，de Lima 在三十一——三十五公里分段時間雖比前段還快，但第二集團卻以更快的配速將差距縮到剩下二十八秒。

接下來一公里，肯亞 Tergat 先掉隊，義大利 Baldini 與美國 Meb 又拉近時間到二十五秒。

此時在一個彎道轉彎處，意料之外的事情發生了（大會時間一小時五十二分四十二秒），領先者 de Lima 遭到路邊一位穿著愛爾蘭傳統服裝的觀眾攻擊，被從賽道中間推到路旁，經熱心民眾解圍後，才調整步伐與方位重新向前跑，他無奈地雙手一攤，咬牙繼續比賽。而後方的追趕者，因為彎道角度，並沒有看清楚前方發生了

甚麼事；只隱約感覺似乎有機會，在這最後階段，追上前方正掉速的領先者，Meb 與 Baldini 持續向前進逼。

受影響的 de Lima 撐不住後方的追擊，在一個地下道路段，被追到只剩十一秒差距，追趕集團這時換 Baldini 帶頭追，就在鳴槍起跑後剛好兩小時的時間點，他超越了 de Lima 取得領先；Baldini 越跑越有勁，Meb 也追過顯露疲態的 de Lima；前兩位跑者不見疲憊，持續越跑越快，領先者四十公里以兩小時四分四十八秒通過，而這五公里十四分三十九秒的配速，竟比前面所有分段都快，Meb 落後十秒，de Lima 則明顯速度跟不上，已落後二十八秒，只能努力希望不再被後方跑者追上。

最後決勝階段，Meb 將帽子丟棄，努力試圖再提速追趕，但 Baldini 姿態仍維持得很好，並沒給 Meb 靠近的機會；賽事即將進入體育場繞圈段，滿場的觀眾，在明亮的燈光下，自一八九六年首屆奧運會之後，奧運馬拉松賽事重返雅典，Baldini 以兩小時十分五十五秒獲得金牌，美國 Meb 在三十四秒後抵達奪銀；令人感動的是，領先時遭受攻擊因而落到第三的巴西人 de Lima，在終點前的最後直道，並沒有抱怨，而是像頑童般地雙手左右平舉（造飛機的動作）、蛇行、飛吻、畫愛心、擁抱觀眾歡呼地笑著衝線。

悲情的英國 Jon Brown，則連兩屆奧運會都拿到第四名。

日本選手油谷繁、諏訪利成分別拿下第五、第六名。

一九九六銀牌韓國李鳳柱（Lee Bong-ju），連續第三屆參加奧運，這次以第十四名完賽。

這是奧運馬拉松史上首見的觀眾攻擊領先選手事件。

攻擊 de Lima 的是名為 Neil Horan，一位精神錯亂的前愛爾蘭牧師，過去就有侵入 F1 一級方程式賽車場的前科；這次他在三十五公里處進入賽道攻擊當時的領先者 Lima。雖立刻由其他觀眾將其拉開解圍，不過也大約損失了十到十五秒，更不用說受到驚嚇的 de Lima 陣腳大亂，從本來很可能拿下金牌，到最後落到第三，賽後巴西奧會向大會提出申訴但遭駁回（理由是他最後的成績慢了第一名達一分半鐘，受影響的秒數不足以改變獎牌順位）。

de Lima 後來在奧運閉幕不久，就獲得古柏坦體育精神獎表彰的補償。但在奧運會場上發生這樣的意外，也真是夠倒楣了。

十二年後 de Lima 在巴西二〇一六里約奧運開幕式上，擔任最後點燃聖火的火炬手，是位極受民眾歡迎的奧運人。

事件的另一個主角 Neil Horan 則聲稱：「我這樣做不是為了惡作劇，而為了傳播福音，讓人們為第二次降臨做好準備。」

若沒有這段插曲，或許 de Lima 不會得到古柏坦體育精神獎，也不會有機會擔任里約奧運開幕的火炬手；真相也許真如這位愛爾蘭牧師所說，他真的是來傳福音的呀！

中華台北選手吳文騫，繼一九八四陳長明、一九九六年許績勝後，第三位取得站上奧運男子馬拉松起跑線的資格。他由一開始的倒數位置，慢慢上升到中段，最後以第五十六名完賽，在這麼炎熱天氣下，能以兩小時二十三分五十四秒完賽算是不錯的成績。

比賽結果

名次	選手姓名	國籍	完賽時間
1	Stefano Baldini	義大利	2:10:55
2	Meb Keflezighi	美國	2:11:29
3	Vanderlei de Lima	巴西	2:12:11
4	Jon Brown	英國	2:12:26 連兩屆奧運第四
5	油谷繁	日本	2:13:11
6	諏訪利成	日本	2:13:24
7	Erick Wainaina	肯亞	2:13:30 (2000雪梨銀牌)
8	Alberto Chaíça	葡萄牙	2:14:17
9	Alberico di Cecco	義大利	2:14:34
10	Paul Tergat	肯亞	2:14:45
14	李鳳柱	南韓	2:15:33 (1996銀牌)
56	吳文騫	中華台北	2:23:54

35

二〇〇八北京

比賽日期	2008 年 8 月 24 日 7:30
比賽路線	起點北京奧林匹克公園，終點北京國家體育場（又稱鳥巢）。
比賽距離	42.195公里
參賽選手	95 人來自 56 國
氣　　候	起跑時溫度為攝氏二十四度，且濕度高，並不利於選手跑出快的成績。
世界紀錄	Haile Gebrselassie（衣索比亞），2:04:26，德國柏林，2007 年 9 月 28 日。
奧運紀錄	Carlos Lopes（葡萄牙），2:09:21，美國洛杉磯，1984年8月12日。

二〇〇八年中國人第一次辦奧運，選了八月八日作為開幕日，連續三個八，有借諧音發發發之意；本屆 LOGO 設計，是將北京的「京」字，採用中國印章的方式呈現，篆刻京字的部分擬人化，看似一位正在奔跑的運動員，故取名為「中國印—舞動的北京」；巧妙地將中國傳統文化與奧林匹克運動會的形象結合在一

起，而蓋印也象徵中國人承諾要把這場奧運會辦好。

北京奧運的吉祥物則擴增到五位，稱為福娃，其個別名稱分別是貝貝（鯉魚）（藍）、晶晶（熊貓）（黑）、歡歡（聖火）（紅）、迎迎（藏羚羊）（黃）、妮妮（北京燕子）（綠）；「貝晶歡迎妮」來自「北京歡迎你」的諧音，相較於前兩屆二〇〇〇雪梨三款、二〇〇四雅典兩款，這屆增加到五款，感覺是太熱鬧了一些（一次買一組太佔行李空間），或許北京奧運籌委會有其難以取捨的苦衷！

馬拉松賽場上，肯亞 Samuel Wanjiru 以兩小時六分三十二秒的成績打破奧運紀錄，拿下第一，這是肯亞首面奧運馬拉松金牌。摩洛哥 Jaouad Gharib（二〇〇三、二〇〇五兩屆世錦賽金牌）奪銀，衣索比亞 Tsegay Kebede 第三；前八名除了第六由瑞士 Viktor Röthlin 拿下外，其餘七位都是來自非洲的選手。

比賽不同於上屆在傍晚開始；這次改採在閉幕日的早上七點半起跑。上屆前十名完賽的選手，僅衛冕冠軍義大利 Stefano Baldini 前來參賽。

賽前原本最被看好的奪金者，是兩屆（一九九六、二〇〇〇）奧運一萬公尺金牌，二〇〇五年起轉戰馬拉松賽事，才剛在二〇〇七年創下馬拉松世界紀錄的衣索比亞名將 Haile Gebrselassie，但後來他考量當時北京有嚴重的空氣汙染問題，擔心在如此糟的空氣品質下長時間競賽，可能會對他的身心健康造成永久性影響，最後決定不出賽北京奧運馬拉松。

他在北京奧運閉幕一個月後的柏林馬拉松，再次創下世界最快紀錄，若他選擇奧運出賽，很有可能金牌就換人拿了。

這屆的參賽標準仍訂有 A、B 標制度，A 標兩小時十五分，B 標兩小時十八分，資格賽事認證期間為二〇〇七年一月一日至二〇〇八年七月二十三日。

比賽實況

肯亞 Samuel Wanjiru 知道在炎熱夏季舉辦的奧運馬拉松賽中跑快配速是辛苦困難的，但也因為如此，他逆向操作，擬定了一開始就要快的戰術，不像大部分選手在熱天比賽會選擇前段保守，保留體力到後段再決勝。

他第一個五公里就以十四分五十二秒通過，相較於上屆雅典奧運，第一位通過五公里的時間為十五分五十七秒，整整快上一分鐘；許多好手都認為這配速太快而選擇不跟，領先集團很快地由起跑的九十五人縮到十四人；Wanjiru 接下來持續加壓，五～十公里分段為更快的十四分三十四秒，才十公里經過天安門廣場前時，領跑集團就僅剩八人。後來雖稍微放輕鬆跑一點，第三個五公里配速降到十五分十一秒，但半程仍以一小時兩分三十四秒高速通過，此時 Wanjiru 仍處在領跑位置，含他在內的領先集團只剩五位跑者，分別是肯亞 Sammy Wanjiru 與 Martin Lel、厄利垂亞 Yonas Kifle、衣索比亞 Deriba Merga、摩洛哥 Jaouad Gharib。

接下來的十公里，換成衣索比亞 Deriba Merga 開始向其他跑者加壓提高配速，厄利垂亞 Kifle 與肯亞 Lel 掉隊，剩下三人競爭。

三十六點五公里時，換肯亞 Sammy Wanjiru 展開攻勢，原先

領跑的衣索比亞 Deriba Merga 因過早發動攻擊，氣力放盡，無法跟上，最後還在體育場內遭同胞好手追過，跌出獎牌榜，僅獲第四。

摩洛哥 Gharib 試圖做出回應，盡力提速不想被拉開，但仍只能望著 Wanjiru 漸漸遠離；Sammy Wanjiru 持續保持與第二名摩洛哥 Gharib 的距離，後者雖一度嘗試再加速追近，但終究沒能成功。

四十公里時，前兩名差距已有十八秒，與掉速嚴重的第三名 Merga 更達一分五十七秒。

最後 Wanjiru 跑進暱稱為鳥巢的北京國家體育場，以破奧運（快原紀錄兩分四十九秒）的兩小時六分三十二秒優異成績奪金。在高溫、高濕的環境下，這成績是驚人得快。

當時 Wanjiru 還不滿二十二歲，是自一九三二洛杉磯奧運以來，最年輕的奧運馬拉松冠軍；Gharib 在四十四秒後抵達，獲得銀牌，他的成績也打破原奧運紀錄；衣索比亞 Tsegaye Kebede 在最後場內跑道段，超越領先了三十五公里、最終沒力只能慢跑前進的同胞 Merga 奪得銅牌；而第三名慢了第一、二名有三分鐘之久，可見前兩位的優勢有多巨大。

第三次參賽奧運的瑞士 Viktor Röthlin 獲得第六，是非洲國家之外首位完賽的選手；美國 Dathan Ritzenhein、Ryan Hall 分獲第九、第十名；亞洲排名最高的是第十三名日本尾方剛；地主選手中國鄧海洋獲第二十五名。

連續兩屆代表中華台北參賽的吳文騫，仍舊穩健地以兩小時

二十六分五十五秒第五十九名完賽，他也是目前台灣唯一參加過兩次奧運馬拉松的選手。

比賽結果

名次	選手姓名	國籍	完賽時間
1	Samuel Wanjiru	肯亞	2:06:32 破奧運紀錄
2	Jaouad Gharib	摩洛哥	2:07:16
3	Tsegay Kebede	衣索比亞	2:10:00
4	Deriba Merga	衣索比亞	2:10:21
5	Martin Lel	肯亞	2:10:24
6	Viktor Röthlin	瑞士	2:10:35
7	Gashaw Asfaw	衣索比亞	2:10:52
8	Yared Asmerom	厄利垂亞	2:11:11
9	Dathan Ritzenhein	美國	2:11:59
10	Ryan Hall	美國	2:12:33
13	尾方剛	日本	2:13:26
18	Lee Myong-Seung	南韓	2:14:37
25	鄧海洋	中國	2:16:17
59	吳文騫	中華台北	2:26:55

北京奧運馬拉松金牌 Samuel Wanjiru

Samuel Wanjiru 從八歲開始跑步。在二○○二年十六歲時，就到日本仙台去念高中；他先在越野賽中嶄露頭角，二○○五年畢業後，加入 TOYOTA 九州的長跑隊，該隊教練為一九九二年奧運馬拉松銀牌——森下廣一。

雖然 Wanjiru 很年輕就在長距離賽場上表現得很成功，但私生活卻有些混亂。據傳他曾有三段婚姻，可能也因複雜的男女關係，在破奧運紀錄奪金後不到三年，他從自家陽台跌下過世，遭懷疑是當時的妻子夥同朋友謀殺，但官方調查最終是以意外結案。一位世界頂級馬拉松好手，就這樣結束短暫的二十四歲人生。

36

二〇一二倫敦

比賽日期	2012 年 8 月 12 日 11:00
比賽路線	起終點皆為 The Mall，不在奧林匹克體育場。
比賽距離	42.195 公里
參賽選手	來自 67 國的 105 人
氣　　候	起跑時溫度為攝氏二十四度，且濕度高，並不利於選手跑出快的成績。
世界紀錄	Patrick Makau Musyoki（肯亞），2:03:38，德國柏林，2011 年 9 月 25 日。
奧運紀錄	Samuel Wanjiru（肯亞），2:06:32，中國北京，2008 年 8 月 24 日。

　　倫敦繼一九〇八、一九四八年之後，第三次舉辦奧運會，也是首個三次舉辦夏季奧運的城市。

　　世界最早一場四十二點一九五公里標準距離的馬拉松賽事是一九〇八年倫敦奧運馬拉松；但本屆馬拉松賽事的路線規劃，沒有採用過去從溫莎堡跑到倫敦的點到點版本，而是更方便民眾觀看

的市區繞圈賽；起跑時間安排在上午十一點（倫敦這時間還不算太熱），如此試圖讓更多人可以參與的親民模式，值得未來馬拉松主辦單位參考。

起終點沒有設在暱稱為「倫敦碗」、本屆開閉幕式的場地—奧林匹克體育場，而是選在倫敦市中心區的 The Mall 大道。跑者先跑一個小圈（約三點五七一公里），然後跑三個大圈（每圈約十三公里），途中經過許多倫敦知名地標，包含白金漢宮、特拉法加廣場、聖保羅大教堂、英格蘭銀行、利得賀市場、倫敦大火紀念碑、倫敦塔、國會大廈—西敏宮。

上屆參賽者回歸的有第六名瑞士 Viktor Röthlin、第八名厄利垂亞 Yared Asmerom、第十名美國 Ryan Hall。在上屆北京奧運創下新紀錄的肯亞 Samuel Wanjiru，於二○一一年從自家陽台跌下過世，無緣挑戰奧運連霸。

二○○四年雅典奧運銀牌得主美國 Meb Keflezighi 也重返奧運賽場，他在上屆北京奧運時沒有取得參賽資格。二○○九、二○一一年世錦賽冠軍肯亞 Abel Kirui 也來參賽。他的同胞好手 Patrick Makau Musyoki，是現任世界紀錄保持人，在奧運前三個月的倫敦馬拉松因傷未完賽，也因此未被選入肯亞奧運馬拉松代表隊。肯亞另一位代表隊選手是 Wilson Kipsang Kiprotich，在近十八個月贏得四個 Major 世界主要等級的馬拉松賽事，其最佳成績僅差世界紀錄四秒，是賽前最被看好的選手。

起終點所在地 The Mall，是一條位在白金漢宮與特拉法加廣場之間的林蔭大道，道路的一邊是聖詹姆士公園，另一邊則是綠

園。賽事在倫敦市區進行，繞行許多知名地標；沿路都是夾道歡呼的民眾。當跑者通過上有中古世紀維多利亞宮廷風格屋頂、地面是石子街道的利德賀市場時，真的很美且賞心悅目！沿途也有許多樹蔭，加上全線管制良好，以及自發前來加油的熱情觀眾，應該是場跑起來舒服與享受的比賽。

比賽實況

　　一開賽的速度偏慢，跑到七～十公里時，開始有選手輪流出來帶，但都沒能甩開集團單飛成功。十公里處，第一位以三十分三十八秒通過，領先的是巴西 Franck Caldeira de Almeida，與大集團有八秒優勢。但還不到十一公里，這差距就被大集團給追回；改由肯亞 Kipsang Kiprotich 領跑，他開始換檔加速展開攻勢，將接下來三公里配速加快到每公里兩分五十秒。

　　十五公里—四十四分五十八秒通過，領先來到十三秒，追趕集團有七位，其中六位來自東非國家（肯亞兩位、衣索比亞兩位、厄利垂亞一位、烏干達一位），僅有 Santos 來自巴西。

　　十七公里時，追趕集團加入一位南非選手 Mokoka，而一位肯亞選手 Mutai 掉出，仍維持七人。

　　半馬通過為一小時三分十五秒，Kipsang Kiprotich 雖拉出十六秒的領先優勢，但在後的六人追趕集團（五位非洲選手與一位巴西人）伺機而動；畢竟跑在集團內的風阻與心理壓力較小，會比獨自在前方推進來得輕鬆省力；如何避免過多的體力耗損，是前方

獨跑者在接下來比賽要面對的問題。

二十二公里水站時，領先者或許過於專注，居然錯過自己的補給桌，超過後才又回頭去拿，至少因此損失兩到三秒。

二十三公里，Kipsang Kiprotich 仍獨自在前，追趕集團裂解剩下三人－烏干達 Stephen Kiprotich、肯亞 Abel Kirui、衣索比亞 Abshero。

二十三點八公里，烏干達選手率先加速，積極往前追擊；其餘兩位雖最遠被拉開到十公尺差距，但終究還是盡力跟了上來。

二十五公里－一小時十四分五十八秒通過，領先優勢僅剩七秒，追趕集團的三位虎視眈眈，尤其烏干達與肯亞選手狀況看來很好，反倒是領先者 Kipsang Kiprotich 表情已顯疲態。

在肯亞 Kirui 與烏干達 Kiprotich 交互領跑下，在二十六點五公里追上領先者，距離終點還有十五～十六公里，形成兩位肯亞與一位烏干達選手、也是兩位 Kiprotich（同姓氏）與 Kirui 之間的競爭。

三十公里－一小時三十分十五秒領先三人通過，拉開與第四名的距離達三十六秒。

三十一三十五公里，領先集團三人保持穩定前進，第四名由衣索比亞 Abshero（三十五公里後棄賽）換成了巴西人，獨自追趕著領先者，但已被拉開超過一分鐘；第二追趕集團由日本中本健太郎領軍，成員有美國 Meb Keflezighi 與辛巴威 Wirimai Juwawo。

三十五公里－一小時四十六分三秒領先集團通過，隨後兩位肯亞選手聯手一同加速，試圖合作甩開烏干達 Kiprotich。經過一

公里多的嘗試，雖曾拉開距離達十公尺，但仍被烏干達選手緊咬住，沒能成功擊潰他；第四名的巴西人落後到一分十四秒，日本與美國選手又再一分鐘後，就看最後階段是否還有甚麼變化！

三十六公里處還落後的烏干達 Kiprotich，突然在三十六點八公里一個連續 S 彎道處，發動猛烈攻勢，先是追回稍微落後的五公尺，超越後更是如打開渦輪引擎似地，直接快速拉開與兩位肯亞選手的距離——十公尺、二十公尺、三十公尺……，一公里後，差距已經達五十公尺，且他持續保持強大的信心與狀態，反倒是兩位肯亞選手追得十分吃力；Kirui 雖試圖趕上，但沒有成功；Kipsang 則因前段較快的配速，此時只能目送烏干達 Kiprotich 離去。第二集團部分，巴西人速度衰退，給了日本與美國兩位選手機會。

四十公里，兩小時一分十二秒通過，烏干達 Stephen Kiprotich 領先第二位已達十九秒（約一百公尺），第三名更差距到五十一秒；比賽僅剩下最後兩公里。

進入到最後一段 The Mall 大道，Kiprotich 頻頻回頭看，擔心後面的選手是否會追上來，直到終點前，確定保有安全距離後，才從觀眾區拿了烏干達國旗，雙手高舉，通過終點，成績兩小時八分一秒，他自己賽前大概也沒料到能拿下金牌。

肯亞 Kirui 在二十六秒後抵達，領先前半程的 Kipsing 落後一分三十六秒奪銅。

第四名的競爭意外地精彩，在終點前最後三百公尺的筆直大道上，美國 Meb 超越巴西 Sandos，日本也急起直追，Meb 衝線前跟路旁觀眾領了國旗，但又擔心被巴西人趁機超越，一直不敢舉

起來，直到終點前五公尺才做出慶祝動作。

美國 Meb 第四，巴西 Santos 第五，日本中本健太郎第六，三人僅相差十秒。

繼一九八四洛杉磯—陳長明、一九九六亞特蘭大—許績勝、二〇〇四雅典和二〇〇八北京—吳文騫之後，第四位代表中華台北參加奧運男子馬拉松賽事的張嘉哲，以兩小時二十九分五十八秒拿下第七十七名。

他的比賽紀錄是

五公里—十六分三十九秒（一〇三名）；

十公里—三十三分四十二秒（一〇一名）；

十五公里—五十分三十三秒（九十八名）；

二十公里—一小時七分三十三秒（九十五名）；

半程—一小時十一分二十八秒（九十四名）；

二十五公里—一小時二十六分十二秒（九十三名）；

三十公里—一小時四十五分零一秒（八十六名）；

三十五公里—兩小時兩分五十三秒（八十一名）；

四十公里—兩小時二十一分四十九秒（七十九名）。

比賽結果

名次	選手姓名	國籍	完賽時間
1	Stephen Kiprotich	烏干達	2:08:01
2	Abel Kirui	肯亞	2:08:27
3	Wilson Kipsang Kiprotich	肯亞	2:09:37
4	Mebrahtom Keflezighi	美國	2:11:06
5	Marilson Dos Santos	巴西	2:11:10
6	中本健太郎	日本	2:11:16
7	Cuthbert Nyasango	辛巴威	2:12:08
8	Paulo Roberto Paula	巴西	2:12:17
9	Henryk Szost	波蘭	2:12:28
10	Ruggero Pertile	義大利	2:12:45
32	Lee Duhaeng	南韓	2:17:19
54	董國建	中國	2:20:39
77	張嘉哲	中華台北	2:29:58

37

「沒人遞水瓶事件」

當年倫敦奧運比賽結束後在台灣網路上，倒是出現了一場意想不到的遞水瓶爭論。

二〇一二年倫敦奧運，在英國念書或遊學的台灣人還不少，趁著奧運期間來幫選手加油，是件熱血的事；馬拉松賽事不須買票，只要早點到賽道邊去卡位，帶著國旗或會旗幫台灣選手加油，絕對值得去嘗試體驗看看。

當年路跑運動風氣還不若現在盛行，但拜社群軟體發展與GPS運動錶的普及，關注與從事長跑活動的民眾有逐漸升溫的趨勢；以往像馬拉松這樣沒有奪牌機會的冷門項目，大概沒有多少人會注意！而這回竟因轉播畫面上一張無人水站的截圖，引發了意想不到的連鎖效應。

Po 這張圖的人，據說是位在英國念書的留學生，她在看閉幕日當天男子馬拉松實況轉播時，發現大會補給站 TPE 中華台北的桌子旁，竟然空無一人，其他國家的大多有教練、隊友或是大會志工在幫忙遞送選手賽前準備的特調補給飲料。

這件事本來沒甚麼大不了，過去舉辦了這麼多屆奧運，水站的補給大都也是放在桌上由選手自己拿。或許可能因為過去曾發生

選手找不到補給而影響成績的窘境，於是這屆大會多了貼心安排，開放水站可以有同伴幫忙遞水，若人手不足也可委由志工幫忙。

　　據事後真男人張嘉哲的說明，在馬拉松賽前技術會議上，教練領回專用水瓶，與他確認後，向大會表示不會派人也不需要人協助遞水瓶。

　　遞水瓶是件頗辛苦的工作，要長時間在賽道上等待，又得專注觀察選手何時會到，等個大半個小時，遞出水、說句鼓勵一下的話可能就過去兩秒鐘；而當時代表隊因工作人員總名額限制，沒能分配到隨隊的馬拉松教練（是由田徑隊其他項目教練代表），在這樣情況下，選手選擇不麻煩其他不熟悉馬拉松比賽流程的教練擔任遞水員，是貼心的決定。（奧運等級賽事管制嚴格，也不可能臨時找個留學生來擔任這工作，因為沒有該項目的選手或教練證，是不被允許進入水站的。）

　　這事會造成國內媒體與民眾這麼大的反應，主要還有其他影響因素；倫敦奧運男子馬拉松比賽日，同時也是奧運閉幕日，而這屆奧運中華隊成績不如預期，且體委會長官才剛在媒體面前表示已給予了選手「鑽石般」的待遇，要甚麼給甚麼，但結果卻這樣……，有點怪罪教練與選手的臨場表現不如事前評估的味道。這帶有卸責味道的言論，剛好碰上這空蕩的水站桌，讓媒體大眾找到了一個「酸」點，接著透過社群軟體推波助燃，瞬間引爆。

　　本來真男人張嘉哲僅以第七十七名完賽，也沒甚麼好報導的；後來因這過度解讀的貼文事件，反倒讓這場馬拉松獲得國內許多關注；此事件也因張嘉哲在發生後的回覆得體（雖然他說他只是真誠

地陳述事實），兼顧了長官的面子，也表達了運動員的立場與目前
長跑訓練的困境，順勢也鼓勵大家多給選手有形無形的支持。

　　當時萬萬沒想到的是，一直到十年後的現在（二〇二二年），
中華台北的最佳馬拉松選手怎麼還是張嘉哲呀！真男人這名號也算
是實至名歸了。

　　這事件中有個小 Bug 倒是都沒人注意，當時 TPE 的水站牌，
上面印的不是中華奧會 LOGO，而是錯用即將在三週後參加帕拉
奧林匹克運動會之「中華殘障運動總會」LOGO（已於二〇二二年
五月更名中華帕拉林匹克總會），不過這個「小事」應該沒人在意
吧！

38

二〇一六里約

比賽日期	2016 年 8 月 21 日 16:12
比賽路線	起終點為 Sambódromo（著名的里約嘉年華會表演場地），路線是去回規劃（go and back），也是連續兩屆奧運馬拉松都沒跑進開閉幕的體育場。
比賽距離	42.195公里
參賽選手	155 人來自 79 國家或地區
氣　　候	起跑時溫度為攝氏二十四度，且濕度高，並不利於選手跑出快的成績。
世界紀錄	Dennis Kimetto（肯亞），2:02:57，德國柏林，2014 年 9 月 28 日。
奧運紀錄	Samuel Wanjiru（肯亞），2:06:32，中國北京，2008 年 8 月 24 日。

　　二〇一六里約奧運，是南美洲首次舉辦的奧運會。雖然里約才在兩年前舉辦了世界盃足球賽，但奧運開幕前半年，許多相關工程延宕，政府貪污弊案接連爆出；加上透過蚊子傳播的茲卡病毒也來湊熱鬧，讓人擔心這會不會是場一團亂的奧運會。不過終究還是

順利開幕，各項競賽也都平順完成，來到最後一天閉幕日的男子馬拉松。

　　肯亞埃利烏德·基普喬蓋（Eliud Kipchoge），過去曾獲得二〇〇四雅典五千公尺銅牌、二〇〇八北京五千公尺銀牌；這次是他第三度參加奧運，轉到馬拉松項目，並一舉奪金。這是肯亞史上第二面奧運男子馬拉松金牌；衣索比亞 Feyisa Lilesa 銀牌，銅牌則是由美國 Galen Rupp 拿下。

　　本次路線從 Sambódromo 出發後先跑五公里；然後進入一個五公里折返的路段（一趟十公里），來回跑三趟（五～三十五公里）；最後一段不跑一開始五公里的重複路線，繞道市區湊足四十二點一九五公里，回到 Sambódromo。

　　上屆奧運馬拉松前十名有七位選手回歸，包含金牌烏干達 Stephen Kiprotich、美國 Meb Keflezighi（二〇一二倫敦第四名、二〇〇四雅典銀牌）、第五名巴西 Marilson Dos Santos、第七名辛巴威 Cuthbert Nyasango、第八名巴西 Paulo Roberto Paula、第九名波蘭 Henryk Szost、第十名義大利 Ruggero Pertile。

　　二〇一五年世錦賽冠軍厄利垂亞 Ghirmay Ghebreslassie 也在出賽名單中。

　　肯亞基普喬蓋過去是場地賽五千公尺的好手，在二〇〇四雅典奧運、二〇〇八北京奧運拿下銅、銀兩面獎牌；但後來五千公尺成績不進反退，二〇一二年甚至未能入選倫敦奧運肯亞代表隊。之後決定轉戰馬拉松，從二〇一三至二〇一六年間，連續拿下六座馬拉松大賽冠軍，他自然也成了賽前最被看好奪金的選手。

比賽實況

起跑時下著小雨，溫度為攝氏二十四度。

一五五人參賽，是歷屆奧運馬拉松出賽選手最多的一次；最終有一四〇人完賽，也創下紀錄。（原紀錄為一九九六年一二四人起跑，一一一人完賽。）這屆也是最多參賽國的一屆（高達七十九國或地區）。

前十五公里，領先集團幾乎處於舒服慢跑的狀態，這在奧運馬拉松賽事常出現，畢竟奧運期間的氣候偏熱（雖然這次在南半球的巴西，但八月的里約平均溫度仍有二十六度），不適合長距離賽事創成績，加上奪牌的戰術考量，多數好手都會選擇在前段採用較慢的配速，把體力保留到後面再來決勝負。

十五公里時，基普喬蓋率先加速開啟攻勢；原先六十二人的大集團，到半程時仍有四十六人；二十五公里時再有九位掉隊。接下來五公里，集團速度開始越加越快，上屆金牌烏干達 Stephen Kiprotich、世錦賽冠軍 Ghirmay Ghebreslassie 都沒能跟上。

通過三十公里時，僅剩下八位選手組成領先群。

此時衣索比亞 Lemi Berhanu 與同胞 Feyisa Lilesa 聯手提高集團配速，才兩公里，領先群就只剩下四位，包含兩位衣索比亞及肯亞基普喬蓋與美國 Galen Rupp。

但接下來一公里，衣索比亞 Berhanu 落到後方；三十三公里時，這場比賽的前三名到此大致底定，將由衣索比亞、肯亞、美國三位選手爭奪。

三十五公里水站處，基普喬蓋錯過他的特調補給，只拿到水；而 Rupp 換了第二頂帽子，並拿到補給瓶，調整步伐慢慢喝。

　　Lilesa 接下來一段路都跑在基普喬蓋的正後方，因有腳跟碰觸跌倒的風險，基普喬蓋很不高興，示意他應該上來跟他並排跑，但 Lilesa 並沒有回應；隨後基普喬蓋乾脆就加速拉開與 Lilesa 的距離。

　　接下來在繞行市區「明日博物館」之前，有多個短的 S 彎路段，加上建築物阻擋，經常一個轉彎就看不到前方跑者，這會讓在後者更難判斷與追趕。此時原先已落在後方的世錦賽冠軍厄利垂亞 Ghebreslassie，開始加速超越了許多失速跑者。

　　四十公里時，基普喬蓋領先 Lilesa 有三十六秒，Rupp 則又在 Lilesa 後方十二秒，Ghebreslassie 則追到落後 Rupp 五十九秒第四名的位置。

　　最後兩公里多，基普喬蓋再加速拉大到一分十秒的差距，以兩小時八分四十四秒率先衝線，拿下金牌；Lilesa 驚險保住銀牌，Rupp 僅在十一秒後抵達，獲得銅牌；Ghebreslassie 獲得第四。

　　另一位美國選手、也是楊百翰大學統計學教授 Jared Ward 拿下第六名，不知道他當天是否運用了統計學上的分析技巧來獲得此佳績。

　　而第三次參賽奧運，比賽時已高齡四十一歲的另一美國名將 Meb（雅典奧運馬拉松銀牌），在終點前滑倒，站起身前，順手做了幾下伏地挺身，然後微笑通過終點線，以兩小時十六分四十六秒第三十三名完賽，表現不差。

儘管氣溫偏高，仍有高達六十二位選手在兩小時二十分內完賽，世界各國馬拉松的水準正逐年提高。

第九十九位完賽的選手何盡平，是第五位代表中華台北出賽奧運男子馬拉松的選手。

插曲

銀牌衣索比亞 Lilesa 在通過終點前，他在頭部高度做出手臂十字交叉的姿勢多次，這是在抗議衣索比亞政府，並聲援遭政府屠殺的奧羅莫（Oromo）族反叛軍的動作（Lilesa 是 Oromo 族人）。他在閉幕式頒獎後，害怕回國會因此事遭遇不測，於是脫離衣索比亞代表隊，躲起來等候前往美國尋求政治庇護的批准。後經過兩年的在外流亡後，才於二○一八年回到衣索比亞。這也再次證明政治與運動很難完全切割。

比賽結果

名次	選手姓名	國籍	完賽時間
1	Eliud Kipchoge	肯亞	2:08:44
2	Feyisa Lilesa	衣索比亞	2:09:54
3	Galen Rupp	美國	2:10:05
4	Ghirmay Ghebreslassie	厄利垂亞	2:11:04
5	Alphonce Simbu	坦尚尼亞	2:11:15
6	Jared Ward	美國	2:11:30
7	Tadesse Abraham	瑞士	2:11:42
8	Munyo Mutai	烏干達	2:11:49
9	Callum Hawkins	英國	2:11:52
10	Eric Gillis	加拿大	2:12:29
16	佐佐木悟	日本	2:13:57
29	董國建	中國	2:15:32
33	Meb Keflezighi	美國	2:16:46
99	何盡平	中華台北	2:26:00
130	Son Myeong-jun	南韓	2:36:21
138	貓廣志	柬埔寨	2:45:55

貓廣志 Neko Hiroshi

代表柬埔寨出征奧運的前日本諧星貓廣志 (藝名,本名「瀧崎邦名」身高只有一百四十五公分,卻憑著強烈的奧運參賽意志,先是在二〇一一年轉籍柬埔寨,但二〇一二年因不符居住年限規定無法出賽倫敦奧運。四年後二〇一六年,以柬埔寨未有任何男子選手達標田徑賽事的規則,獲得特殊名額 (外卡,鼓勵各會員國參賽),得以代表柬埔寨參與奧運馬拉松,圓了奧運夢。

他雖然只有一百四十五公分高,但當時馬拉松個人最佳成績是兩小時二十七分四十八秒 (二〇一五東京馬),在參賽里約奧運時已三十九歲,仍跑出兩小時四十五分五十五秒的成績,雖名列倒數第二,但追求夢想的精神仍令人敬佩。通過終點後,他還發揮藝人的專長,現場與觀眾互動起來,為這場奧運馬拉松帶來一些輕鬆的氛圍。

二〇二二年三月六日,他在四十四歲高齡於因疫情延期的二〇二一東京馬拉松,仍跑出兩小時二十九分十秒接近個人最佳的成績,是位令人尊敬與佩服的藝人跑者,也讓跑友們無法用身高劣勢或年紀太大來當退步的藉口了。

39

二〇二〇＋一東京

比賽日期	2021年8月8日 7:00
比賽路線	起終點皆設在札幌市大通公園，路線規劃為一大圈＋兩小圈。大圈距離約為二十公里，小圈則是十公里。前半程先跑大圈，回到大通公園後轉跑兩個小圈。
參賽選手	106人出賽，76人完賽，30人未完賽。
氣　候	比賽當天天空有雲，即使將地點改到札幌，起跑溫度仍有26度，濕度則是80%。

　　二〇一九年底，新冠疫情爆發，沒料到原訂在二〇二〇年七月舉辦的東京奧運，受病毒全球蔓延影響而延期一年。二〇二〇＋一是史上首次在奇數年舉辦的奧運，在不開放觀眾進場的限制下，總算是順利開幕，而奧運壓軸賽事—男子馬拉松，也將在閉幕日當天上午七點開跑。

　　多災多難的東京奧運，馬拉松賽事更是難中之難。先是因夏季東京之高溫考量，路線被迫從東京改到札幌；加上疫情影響，打亂日本原先嚴謹公平的選拔計畫，透過二〇一九年MGC

（Marathon Grand Championship）制度選出的兩位代表—中村匠吾與服部勇馬，經過將近兩年的等待，期間未出賽任何一場馬拉松賽事，近況未知；反倒是狀況可能最好—二〇二一年二月剛打破日本馬拉松紀錄的鈴木健吾，無法代表日本出賽東京奧運。

而另一位先前打破日本紀錄而取得參賽資格的大迫傑，其成名的早，一直肩負著日本繼一九九二巴塞隆納奧運——森下廣一獲得銀牌之後，奧運男子馬拉松再次奪牌的任務；期待這次在地主優勢下（雖然因疫情少了許多沿線觀眾的加油聲，但或許能更專注在賽場上），能有好表現。

比賽路線經札幌市知名景點，包含北海道廳、札幌電視台、札幌車站等。重複路段的設計，本是方便現場觀賽民眾，但如今因疫情不希望觀眾群聚加油，實在可惜。而對選手來說，重複路線的熟悉感，有利於配速，只是三度跑進北海道大學的路段有多個直角彎，考驗選手的過彎技巧。

另若達標人數不足八十人，會依馬拉松世界排名積分，遞補至滿額。每個國家最多派三名選手參賽。

最後在達標成績計算期間，共有一一〇名選手取得參賽資格。[11]（這是在每個國家最多取三名選手限制下之達標人數，且因已超過八十人，就不再有依排名遞補錄取的名額。）

男子組賽事，並未如前一天進行的女子組賽事，為避免高溫而提前一小時起跑。

起跑前的菁英選手介紹，大會點名四位選手，分別是衛冕者肯亞基普喬蓋、衣索比亞 Desisa（二〇一九卡達世錦賽馬拉松金

牌）、地主代表日本大迫傑，以及上屆里約奧運銅牌美國 Rupp。

比賽實況

第一公里費時三分十一秒；第二公里三分十秒；典型奧運馬拉松起跑的配速，偏慢且保守。

哥倫比亞 Suares 領跑，中國楊紹輝跑在其旁，兩位搶在領先群的最前方，至少先爭取了一段轉播畫面。

第三公里—三分七秒，有逐漸加溫的趨勢；這時所有選手已經拉開成幾個區塊，比起前一天女子組散開要快得多。

第四公里—兩分五十六秒，仍由哥倫比亞與中國選手領跑，三位肯亞選手緊跟在後方。

四點五公里處水站，畫面帶到有位選手的補給沒拿到，其夥伴趕緊從各國桌子的後方飛奔，試圖在水站尾端將補給送上，但這

---

11 參賽資格：兩小時十一分三十秒。原定達標成績計算期間為二〇一九年一月一日至二〇二〇年五月三十一日，後因 COVID-19 影響，二〇二〇年四月六日至二〇二〇年十一月三十日暫停計算，重啟後之最終達標日為二〇二一年五月三十一日。

* 另外二〇一九年世錦賽馬拉松前十名、IAAF 金標賽事前五名、Marathon Major Series（馬拉松大獎賽系列 Tokyo, Boston, London, Berlin, Chicago and New York）前十名，也可取得資格，以此名次達標者，並沒有須達兩小時十一分三十秒的時間限制。

每公里三分鐘的前進速度，還要閃避部分路障，要追上真的不容易，不知後來有無成功。

首五公里費時十五分十七秒，由德國選手 Petros 率先通過，第一集團（+5秒內）約有五十人。

地主日本大迫傑與服部勇馬都在五十人集團中，倒是二〇一九 MGC 選拔第一的中村匠吾在這個階段就沒跟上（已落後十七秒）。

八點六公里補給站，二〇二〇倫敦馬拉松冠軍，當時擊敗基普喬蓋、來自衣索比亞的 KITATA，不知是腳抽筋還是拉傷，在這裡就離開賽道，手摸著腳決定退賽。

而烏干達 Stephen Kiprotichu（二〇一二倫敦奧運金牌）也掉出了領先群，跑走了一段。

巴林—來自衣索比亞的歸化選手 Bekele（個人最佳成績兩小時六分）也感到不舒服，停下來調整。

看來這樣的氣溫與速度，許多高手們也是吃不消，跑不到十公里就已有多人落馬。

十公里通過時間為三十分五十三秒，比前一段五公里慢一些（五到十公里—十五分三十六秒），領先集團有四十七人，一〇六位出賽選手已經篩選掉一半多。

哥倫比亞、中國選手仍跑在前方。年紀最小的出賽者—巴西小將也跑到前端，被拍到不少畫面。

中村匠吾僅以三十一分三十四秒通過排名第七十二位。

十三點五公里處，鏡頭帶到代表韓國的肯亞歸化選手 OH

JOOHAN，看來很不舒服，停下來走了一段，最後決定退賽。近年有越來越多東非國家的選手，在奧運馬拉松比賽代表他國出賽，有些是因難民身分離開出生地，後來成為收留國之公民；也有人考量國內長跑環境競爭過於激烈或他國開出優渥條件吸引歸化；也有年輕時就以優異跑步成績，獲得獎學金到外國念書，畢業後入籍者。無論是哪種狀況，這些選手都反過來成了肯亞、衣索比亞等東非強國的奪牌威脅。

十四點二公里，哥倫比亞 Suares 仍在領跑，中國楊紹輝落到了後方；倒是上屆里約奧運獲得第九名的英國 Hawkins 在領先群後方穩定接近中。

地主日本服部勇馬、大迫傑仍在領先群中。

十五公里，領先群通過四十六分三秒（十～十五公里分段一十五分十秒），比上一段快，主集團減為四十三人。

本屆賽事年紀最輕的二十三歲巴西小將 Daniel Ferreira do Nascimento 這時跑到最前頭，表情看來很興奮，這僅是他人生第二場馬拉松（第一場馬拉松就達標奧運）。

三位中國選手、兩位日本選手也都還在領先群中，原先領跑的楊紹輝從隊伍前頭退到尾端。

十六點三公里水站，肯亞的三位選手一同提速衝到前方，美國 Rupp 決定跟上。

十八公里處，巴西小將感覺很享受，邊跑還能邊跟左右跑者說話（一邊是哥倫比亞 Suares、一邊是上屆金牌肯亞基普喬蓋），不知他跟基普喬蓋說了甚麼，基普喬蓋給他比了一個大拇指

「讚」，而他竟把拳頭伸出去，示意要與王者擊拳，基普喬蓋大概有些意外，但是仍帶著笑容地以拳頭碰拳頭輕觸回應，這段互動全被大會攝影師捕捉後傳送到世界各地，為緊繃的賽況帶來一點樂趣。

巴西小將、哥倫比亞、肯亞王者，形成一個三位領跑的陣勢，後面跟著大集團。大迫與服部一直跑在集團後方。一度領跑的中國楊紹輝則已掉出領先集團。

二十公里，領先集團以一小時一分四十七秒通過〔分段五公里（十五～二十公里）—十五分四十四秒〕，主集團剩下三十三人。

巴西小將在補給站接到帽子戴上。先反戴，後來又轉正。他還會很順手把水或冰塊遞給附近的跑者，只是其他選手並不一定領情。

半程通過時間為一小時五分十三秒—主集團三十一人。

服部勇馬在過半程距離後，感覺有些跟不上領先群，逐漸落後掉出。

隊伍形成哥倫比亞、巴西兩位在前端領跑，肯亞基普喬蓋在第三的位置，美國 Rupp 跟在旁，後面則是還能跟上配速的其他領先群跑者。

二十三公里處，馬拉松強國衣索比亞— Lemma 掉隊且退賽，領先群竟只剩一位衣索比亞選手 Desisa。

二十三點三公里，巴西小將把帽子丟了。此時基普喬蓋跑在中間前方，巴西、哥倫比亞兩位跑在兩旁，頗有左右護法的味道。Rupp 則緊跟在基普喬蓋後面。

二十五公里，領先群一小時十七分二十四秒通過，分段五公

里（二十～二十五公里）一十五分三十七秒，主集團剩二十八人。中國選手只剩一位，日本也只剩大迫傑。

二十六公里，巴西小將先是突然停下來坐在地上，後來爬起來繼續跑，試圖再追上領先群；至於發生了甚麼事，可能是身體出了狀況，有中暑的跡象，衝了一小段後，再次撐不住倒在路邊，醫護人員上來處理，確定得退賽，他人生第二場馬拉松、奧運初體驗，就以這樣的狀況結束，也算是難忘了。

二十六點八～二十七點三公里，位在領先群的三位肯亞選手開始發動攻勢，基普喬蓋逐漸加速，即使是領先群的高手們，也有許多人跟不上；集團很快裂解，只剩下原先一半的十二～十四人。大迫傑仍跑在領先群偏後方。

二十八點一公里段，基普喬蓋再一波提速，肯亞三位選手持續跑在最前方，看這態勢，很有機會繼先前馬拉松女子組之後，再次拿下複數獎牌。

三十公里段，領先群通過一小時三十二分三十一秒〔分段五公里（二十五～三十公里）一十五分七秒〕領先集團十一人，包含肯亞三人、荷蘭 Nageeye Abdi（Somalia 索馬利亞裔難民）、西班牙 Lamdassem、比利時 Bashir Abdi（Somaliland 索馬利蘭裔難民）、坦尚尼亞 Alphonce Felix Simbu、摩洛哥 Othmane El-Goumri、美國 Rupp、日本大迫傑、法國 Morhad Amdouni。

三十點五公里，衛冕者開始進攻，拉出與其他跑者的距離；因離終點還有十一公里，後面選手會很掙扎跟或不跟；這戰術會讓後方跑者很困難。

大迫傑先是落到後方，基普喬蓋已逐步拉開距離，在他後方形成一個五人集團—包含兩位肯亞，西班牙、荷蘭、比利時各一。

三十二點八～三十三點五公里，比利時 Bashir 加速往前追，兩位肯亞選手掉了一位，追趕集團短暫瓦解，但不久又集結起來，只是剩下四位（比利時、肯亞、西班牙、荷蘭各一）。

三十三點九公里處，荷蘭 Abdi 稍微落隊，集團剩下三位（肯亞、西班牙、比利時），還落後領先者二十一秒。

在追趕集團後方，依序是坦尚尼亞及肯亞選手，然後才是日本大迫傑、美國 Rupp。

這些選手的相關距離，會讓追趕集團（三人）的選手考慮是不是直接爭銀、銅牌就好（若是要硬追領先者，可能會沒弄好反而落出獎牌榜外）。

三十五公里通過，領先者費時一小時四十六分五十九秒〔分段五公里（三十～三十五公里）十四分二十八秒〕；基普喬蓋在這段持續加速，沒有人跟得上，也是開賽至今最快的一個五公里。

追趕集團距離拉到落後二十七秒，前三位是肯亞 Cherono、西班牙 Lamdassem、比利時 Bashir；荷蘭 Abdi 落在三秒後。

此時大迫傑位在第八，落後基普喬蓋五十一秒；上屆銅牌美國 Rupp 則是一分七秒。

果然追趕集團決定放棄不追了（這也代表基普喬蓋在三十公里處就提前加速的戰術很成功）。三位選手僅維持集團目前配速，不再提速衝擊，而原先落後幾秒的荷蘭選手，經調整後順利追上加入，形成四人要搶銀、銅兩面牌。

大迫傑則在後方持續追趕，先是超越坦尚尼亞選手繼續往前追，再加上肯亞選手 Kipruto 此時退賽，上升兩位至第六名。看狀況似乎還可以，但仍落後前方追趕集團有十六秒；距離領先者已達一分零五秒。此時追趕集團則是落後領先者四十九秒。

　　三十八點二公里，四人集團仍跑在一起，被拉開超過一分鐘，大迫傑落後追趕集團十七秒，未被拉開，但也沒拉近，還有一些追上的機會。

　　三十九公里，剩下最後三公里，四人集團與大迫傑的距離沒縮小也沒拉大。但距離終點里程數越來越少，地主希望是否能追上？是否能為日本再次拿下奧運馬拉松獎牌？

　　四十公里，領先者以兩小時一分五十五秒通過〔分段五公里（三十五～四十公里）—十四分五十六秒〕，與追趕集團四人差距達一分十七秒；第六位是大迫傑（一分三十五秒）、第七位是坦尚尼亞 Simbu（二分九秒），仍舊沒能拉近。

　　四十～四十一公里，剩下兩公里，追趕集團前後排序分別是肯亞、荷蘭、西班牙、比利時。此時大迫傑發生下腹痛的狀況，看他邊跑邊用手深壓腹部來按摩，看來要在最後關頭逆轉的機會應該不大了。

　　焦點來到四人集團，肯亞 Cherono 加速想拉開，荷蘭 Nageeye 先跟上，西班牙 Lamdassem 與比利時 Abdi 稍微落後，但僅經過五百公尺後又追上。

　　最後一公里，金牌毫無懸念由基普喬蓋拿下，成績為兩小時八分三十八秒（前半馬——一小時五分十三秒、後半馬一小時三分

二十五秒），也成了奧運馬拉松第三位挑戰衛冕成功者。前兩位是一九六○羅馬奧運、一九六四東京奧運—阿貝貝‧比奇拉（衣索比亞），一九七六蒙特婁奧運、一九八○莫斯科奧運— Waldemar Cierpinski（東德）。

二、三名決勝時刻，肯亞 Cherono、荷蘭 Nageeye、比利時 Abdi 三人跑在一起，西班牙 Lamdassem 已掉隊；終點前的直道，之前還一度落後集團的荷蘭 Nageeye 反而先超越肯亞 Cherono，但他在衝線前卻頻頻回頭，揮手並鼓舞比利時 Abdi 跟上，最終他倆都勝過肯亞 Cherono，分獲銀、銅牌。

銀、銅牌荷蘭與比利時選手最後衝線前的舉動引起了大家的好奇；原來他們兩位是訓練夥伴，也都是出生在東非，遷徙到歐洲的難民，一位來自索馬利亞，一位是索馬利蘭，後來分別入籍荷蘭與比利時，這次奧運代表兩國出賽，終點前聯手超車肯亞 Cherono，獲得銀、銅牌，也就是說本屆奧運馬拉松前三名的選手，其實都來自東非地區。

日本服部勇馬，在後段似乎是腳抽筋或受傷，一拐一拐地跑回終點，成績兩小時三十分十秒，排名第七十三位。

比賽結果

名次	選手姓名	國籍	完賽時間
1	Eliud Kipchoge	肯亞	2:08:38 （前半1:05:13、後半1:03:25）
2	Abdi Nageeye	荷蘭	2:09:58 （前半1:05:13、後半1:04:45）
3	Bashir Abdi	比利時	2:10:00 （前半1:05:13、後半1:04:47）
4	Lawrence Cherono	肯亞	2:10:02 （前半1:05:13、後半1:04:49）
5	Ayad Lamdassem	西班牙	2:10:16 （前半1:05:13、後半1:05:03）
6	大迫傑	日本	2:10:41 （前半1:05:13、後半1:05:38）
7	Alphonce Felix Simbu	坦尚尼亞	2:11:35 （前半1:05:13、後半1:05:38）
8	Galen Rupp	美國	2:11:41 （前半1:05:13、後半1:06:28）
15	Jeison Alexander Suarez	哥倫比亞	2:13:29
19	楊紹輝	中國	2:14:58
62	中村匠吾	日本	2:22:23
73	服部勇馬	日本	2:30:10

42.195公里的夢想追逐——關於奧運馬拉松的熱血故事

Chapter 9

奧運馬拉松—現場觀賽篇

前面八個章節談了一八九六年到二〇二一年的三十二屆奧運會，這個章節將換個角度，用觀眾視角來聊聊奧運馬拉松。

　　處在二十一世紀的奧運或馬拉松愛好者，可能會有這樣的疑問，奧運馬拉松比賽有必要去現場觀看嗎？

　　在家看電視轉播，清晰完整又輕鬆；到現場看，等待多時，選手卻一下子就呼嘯而過，只在眼前出現幾秒鐘。若聽說馬拉松比賽還有賣門票？更可能是一頭霧水，不是就站在路邊看免錢的嗎？

　　馬拉松比賽因為時間長且範圍大，加上選手實力落差，即使大會派出多部轉播車跟拍，也無法呈現所有選手比賽的完整過程，轉播只能顧到領先群與幾位重點選手；現場賽道邊的民眾，對於賽況掌握可能更有限，但儘管如此，奧運馬拉松比賽時，還是吸引聚集了許多民眾，夾道歡呼為每一位跑過面前的選手加油。

　　等待時間經常是選手從面前通過時的好幾倍，但能親眼感受高手的三分速、親口為沒有轉播畫面的落後選手鼓勵加油，這樣的觀賽體驗還是值得。

　　筆者分別在二〇〇四年雅典奧運終點前路旁（免票／女子馬拉松）、二〇〇八年北京奧運—國家體育場（鳥巢／購票／男子馬拉松）、二〇一六年里約奧運—薩普卡伊侯爵森巴場（購票／女子和男子馬拉松），於奧運馬拉松現場看了四場比賽，與大家分享當時的過程與心境。

40

二〇〇四雅典奧運—女子馬拉松

八月二十二日

　　二〇〇四年雅典奧運，馬拉松的終點在一帕納新奈科體育場（一八九六年第一屆現代奧運的主場館），女子組比賽起跑時間是晚上六點，從馬拉松市出發，預估金牌選手成績在兩小時二十分上下，我算準快八點時，要抵達進體育場前的賽道路旁觀看。（入場要門票，站這裡看不用錢。）

　　當年我在雅典奧運棒球場擔任志工，前一天還問了同場館的一位日本同事，四年前雪梨奧運拿下女子馬拉松金牌的高橋尚子這屆會來衛冕嗎？沒想到他說她在日本國內選拔賽落選了，本來有人提議應該特案保留一個參賽選手的位置給她，但後來還是依選拔規定辦理，因此這次代表日本出賽女子馬拉松的選手，可是背負著非勝不可的壓力，因為她們是取代尋求衛冕的高橋選手來雅典的。

　　我所在位置，因為靠近終點，道路兩旁已擠滿了人，尤其顯眼的日本加油團，多位穿著一致的加油服，拉開國旗，探頭盯著道路遠方，等待第一名的選手前來。（當時數位相機才剛慢慢被大眾所接受，手機都還沒有拍照功能，更不用說行動上網，無從得知領

先選手距離這到底還多遠！）

只能等時間一分一秒過去，相信選手也一步一步接近終點。

不久天空出現了直升機，我們知道領先的選手就要到了；會是日本選手呢？還是非洲軍團呢？

當時已跑過三場馬拉松的我（初馬一九九七年、二與三馬在二〇〇三年），知道這最後一兩公里的感覺——雖然已經精疲力竭，但還能咬牙苦撐，雖然手腳不太聽話、腦袋也不清醒，但心中卻又浮現出一股興奮與成就感，比賽就要結束，我又將成功完成一次獨一無二的馬拉松創作。

選手還沒跑到眼前，已經聽到遠方日本加油團傳來歡呼聲，答案揭曉，領先者是日本─野口水木，就剩下短短一公里左右，希望她能堅持下去，為日本拿下連續兩屆奧運女子馬拉松金牌，同為亞洲人的我也沾光。

其實還蠻佩服日本人的態度與民族性，在體育賽場上，他們不因身為黃種人而自限，不會認為爆發力天生比不過西方人、體力比不過非洲人，所以在努力之前就先認輸，而是以一種更積極的態度去面對，先天條件不如人，就以技術彌補，還無法突破，就以更科學的方式來分析與改善，然後持續進步，成果自然展現，這其中有許多值得我們學習的地方。

我一直等到本屆代表中華台北出賽的許玉芳跑過我的眼前，可惜那時為了拍照捕捉畫面，而沒出聲對她喊聲加油。或許當天終點前的那條路上，就只有我一個台灣人，若在奧運馬拉松比賽的尾段，能聽見路旁有人喊自己的名字加油，對於選手來說，應該會是高興且溫馨吧！

41

二〇〇八北京奧運─男子馬拉松

八月二十四日，閉幕日

　　北京奧運最後一天，一早六點半就出門，七點半進到鳥巢體育場，奧運的壓軸賽事男子馬拉松已經開跑。看著大銀幕即時的賽況轉播，兩個小時後，本屆最後一面金牌選手將會跑進體育場，接受滿場觀眾的歡呼。

　　這張馬拉松票是用射箭門票跟人換來的。北京奧運所有賽事門票，在開幕之前就全數完售，在開閉幕主場館─暱稱「鳥巢」的北京國家體育場之門票，更是一票難求。

　　為了獲得多一次進去鳥巢朝聖的機會，我在抵達北京後的前面幾天，一直在奧林匹克公園外的地鐵站找票，人多的地方總是會有倒票的黃牛；幸運地遇到一對男女，他們有兩張八月二十四日馬拉松比賽終點門票，但卻不會在北京待這麼久，想換早一點其他比賽的票；我知道這是張可進鳥巢的票，手上也有一張八月十日射箭門票，於是提出交易，成功換到這張需要花錢的奧運馬拉松門票。

　　馬拉松持票的觀眾，可以在比賽期間，進到鳥巢體育場內，

看大螢幕轉播；等選手跑進體育場內，我將為這全場歡呼的時刻貢獻一份心力。

馬拉松門票是屬於不劃位的通票，可以依自己的喜好，找最前排或上層的位置來欣賞比賽與鳥巢體育場之美；大會擔心觀眾光坐看轉播無趣，於是在選手出發還沒跑回來的這空檔，在場內安排了多場表演，包含聲勢浩大的太極拳、學生樂儀隊、以及許多傳統具中國味的民俗表演，當然這些表演者的水準不能跟開幕演出節目相提並論，但所動員之人數與場面，還是頗為壯觀。

跑道內今晚閉幕典禮的舞台，則已搭起了一部分。

正在進行中的馬拉松，起跑共有八十一位選手出發，中華台北的代表選手是吳文騫，四年前的雅典奧運他也有出賽。我來到下層看台的最前排，若是一般的田徑賽事，這位置可是天價，趁這個機會來坐看看，順便聞一下奧運級跑道飄來的味道。

沒想到比賽進行到十五公里，大螢幕傳回的訊息已有四位選手退賽，或許跟今天的高溫有關，吳文騫暫居六十四名。猛烈的日照竟讓觀眾紛紛撐起陽傘，五顏六色地倒也熱鬧繽紛。

跑到半程時，領先的前九名都是非洲國家的選手，非洲人種還真是天生長跑好手。我今天特別穿了四年前雅典奧運的志工服前來觀賽，想在這二〇〇八年北京奧運開閉幕的主場館，留下美好的照片紀念與回憶。

場中的表演一場接一場，我卻沒什心思欣賞，不停地拍照記錄這北京奧運會最重要的地方；三十公里時，吳文騫仍然處在六十四名的位置，場中表演結束，工作人員正進行清場佈置，放起

了三角錐，拉起終點線，準備迎接本屆奧運馬拉松領先者的最後五百公尺。

大螢幕切換到進體育場前的坡道畫面，來自肯亞的選手，已經拉開了與第二名的距離，高舉左手，獨自跑進了鳥巢國家體育場；全場觀眾立刻高聲歡呼與鼓掌，只剩最後的五百公尺，可以穩步繞場享受即將到來的勝利。兩小時六分三十二秒的成績，締造了新的奧運紀錄。第二名為摩洛哥選手，慢了四十四秒的時間。雖然冠軍已經產生，但每當有選手跑進體育場，全場觀眾總是不吝於給予熱烈的掌聲，吳文騫最後以兩小時二十六分五十五秒，第五十九名的成績完成賽事，雖離個人最佳成績還有一段距離，但在這八月的北京炎熱氣候下，能堅持完成就很不容易了。最後一位入場的是位日本選手，花了兩小時四十分，以日本的長跑實力推算，該選手應該是受不了炎熱而失速，但仍堅持要跑完比賽，這奮戰到底的精神，值得拍拍手。

從背包中拿出本屆奧運觀看的十四張門票，展開成扇型，在鳥巢內，以聖火為背景，留下張心滿意足的照片。

奧運要閉幕了，感覺就像朝夕相處十六天的朋友到了離別的時候。把握最後遊覽奧林匹克公園的機會，再一次為鳥巢、水立方、玲瓏塔拍照，補了幾個上回沒逛到的奧運贊助商場館，當然再去奧運超級商店進行最後的血拼。沒有閉幕門票的我，只能回旅社邊打包邊看轉播，而我的北京奧運行也宣告結束。

42

二〇一六里約奧運—馬拉松嘉年華會

二〇一六里約奧運，男、女兩場馬拉松賽事我都沒錯過；倒是在里約住了二十天，竟只有兩天出門跑步，主因是媒體一直傳遞里約市區治安不好的消息，擔心跑在路上會被搶；另一方面也是擔心貴重物品放在青年旅館不安全。

馬拉松運動的魅力，對於沒有在跑步的人可能覺得無趣；但身為跑者的我，卻是深深地被吸引，尤其在奧運殿堂上，能親臨現場，感受選手們的努力，為選手喊聲加油！一張馬拉松觀眾席的票也不過台幣五百元，是超級便宜、划算與值得！

曾在二〇〇四年雅典奧運的終點前路旁，等著許玉芳跑過去；也在二〇〇八年北京鳥巢體育場的座位上，看著吳文騫進場，跑最後一圈抵達終點。二〇一六年則在里約嘉年華會 Sambódromo 看台上，先是看謝千鶴與陳宇璿出發與歸來；隔幾天在雨中等著何盡平進場，買票入場有機會看到選手賽前準備與賽後休息整理的情形，這是電視上轉播不會呈現的部分。

女子馬拉松

　　二〇一二年倫敦奧運，台灣沒有女子選手達標，男子則由張嘉哲參賽；男子馬拉松依照近期慣例，都安排在閉幕日當天上午舉行，可惜當時人在英國的筆者，已經離開倫敦到其他城市訪友，沒能連三屆參與奧運馬拉松賽事。

　　間隔一屆奧運馬拉松現場觀賽，時間來到二〇一六年的里約奧運，這屆破天荒地有何盡平、許玉芳、謝千鶴、陳宇璿（一男三女）四位選手達標參賽，但許玉芳賽前被驗出禁藥沒能成行[12]；我則買了女子與男子兩場馬拉松的門票，這次要進場喊聲為台灣選手加油！

　　里約奧運馬拉松，起終點設在里約每年二月舉辦嘉年華會之著名場地—Sambodromo—薩普卡伊侯爵森巴場。買票入場雖然得花錢，但有位置可坐，有大螢幕轉播可看，也可幫選手加油，比起在路邊得長時間站立等待，是個還不錯的選擇！比賽預計九點半起跑，因住處離會場只有一個地鐵站，打算吃完早餐慢慢走過去。

---

12 經中華奧會禁藥委員會調查說明，許選手是就醫時誤食含利尿劑成分藥物，導致未能通過藥檢。因該物質不利中長距離運動表現，足見該名運動員並無使用運動禁藥之意圖，但基於世界反運動禁藥規章（WADA code）第2.1.1條規定，不使禁用物質進入其體內為運動員之責任，在禁藥委員會所召開聽審會後做出決議給予一年禁賽。禁賽期限為二〇一六年六月二十四日至二〇一七年六月二十三日二十四時止。

安檢驗票後進場，一時找不到票上標示的座位區域，逛呀逛地，竟就來到了賽道邊；想說雖然沒位置坐，視野也沒看台上清楚，但很有臨場感，附近的大會工作人員並沒要清場的意思；看到越來越多觀眾都往這區的欄杆邊靠，於是我卡了一個第一排的位置，先拍幾張起跑拱門的照片！

　　天氣有點熱，九點不到，現場感覺已有二十五度，鳴槍起跑後應該會更熱！要創佳績不容易！這次有超過一五〇位選手出賽，是歷屆奧運會馬拉松選手最多的一次。鳴槍起跑時因人多，竟沒有看到兩位台灣選手，一溜煙地選手就都跑出森巴場，決定上看台找個看得到大銀幕的位置，坐著觀賽！

　　天氣真的很熱，這還是冬季的里約，很難想像這裡的夏天！太陽很曬，坐在太陽下沒多久，兩手臂已經有曬傷發紅的跡象，但觀眾席上並沒有遮蔭的地方可以躲！

　　想說這場會不會像之前在北京奧運時那樣，也有安排表演活動，然後就看到賽道遠方出現隊伍集結，音樂歌聲響起，該不會是嘉年華會遊行吧！

　　也不看大銀幕轉播了，直接跑下樓近看。媽媽咪呀！一群色彩鮮艷、裝扮華麗、奇裝異服的舞者們，隨著現場 DJ 的歌聲與音樂，踏著森巴舞步，緩慢有節奏地前進著；而我跟這些舞者只隔著一排欄杆，超近距離地感受森巴舞者的魅力，想想若是在二月里約嘉年華會的時候來，即使花錢買很貴的票，可能也只能在看台前排欣賞，結果誤打誤撞買了奧運馬拉松門票，竟獲贈嘉年華會表演，實在超級划算。

整個遊行隊伍由多所森巴學校的舞者組成，每組裝扮具有不同的特色與主題，伴著一致的音樂，跳著不同的舞步，表演來回走一趟，大約是一個小時的時間，過程超級歡樂無冷場；我想跟正式的嘉年華會相比，大概只差在二月時出動的花車與隊伍更多，時間更長吧！

舞者高矮胖瘦、男女老少都有，多元組成、全心投入、專注地跳著舞，那種感染力，是巴西特有的魅力。

遊行過後，焦點回到賽道上，領先集團由肯亞、衣索比亞、巴林、白俄羅斯、美國等選手組成，亞洲國家北韓則壓過日本，謝千鶴與陳宇璿前五公里在一百二十與一百五十名上下，但隨著比賽進行，時間接近中午，越來越多選手不耐高溫而棄賽，最後謝千鶴以兩小時五十四分拿到第一百一十三名，陳宇璿則以三小時九分名列一百二十七名，最後完賽人數為一三三人。

這場嘉年華會與馬拉松的結合，造就了專屬於二〇一六里約奧運的馬拉松盛會！超級值回票價！

期待另一場男子馬拉松，也是奧運會最後一天的壓軸賽事。

男子馬拉松

八月二十一日（日）上午九點

當天竟然睡過頭，因為前一天是最後一天奧運志工的值班日，在田徑場拍照留念忙得晚，加上同寢室友凌晨五點要前往機場，起來跟他道別後才又回去睡回籠覺，結果就……

驚醒後，窗外下著雨，離開跑只剩半小時，繼先前女子馬拉松比賽誤將房間鑰匙帶出，緊急送回給室友之後，再次上演馬拉松比賽前的自主跑步練習，只花了十分鐘吃早餐，然後直奔一點五公里外的比賽場，安檢驗票完後，來不及再往起跑拱門處移動，大會已正式鳴槍開跑！

　　在選手跑出森巴體育場前，趕在出口處目送他們飛奔而去，當下只覺得幸好有趕上，要不然花了五百元台幣買馬拉松門票，結果只看到選手跑回來就虧大了！

　　相較於女子組的高溫，男子組比賽當天飄著雨，氣溫較低，烏雲讓太陽沒露臉，是適合選手跑出好成績的；開賽後，與上次的表演一樣，森巴舞者再次在跑道上集結，馬拉松與嘉年華會的Party，在跑者離開後熱鬧展開。

　　再次與舞者近距離接觸，因已看過一次表演，這回不需要忙著拍照，可以跟著音樂搖擺，欣賞舞者的律動與創意裝扮；雖然下雨導致鞋子濕不舒服，但心情卻是歡樂的，或許就是身處巴西等南美國家，才能有這獨有的樂觀！

　　這回票買在B區，角度剛好無法看到終點大銀幕的選手區間排名表，於是完全不知道代表台灣出賽的何盡平選手狀況，只能欣賞銀幕中領先群選手之間的較量！

　　美國選手Rupp表現很好，在三十公里左右，與肯亞基普喬蓋、衣索比亞利勒沙三人組成第一領先群，已拉開與後方的距離，金銀銅牌大概就在此分配。

　　最後由基普喬蓋以兩小時八分四十四秒拿下金牌，利勒沙銀

牌，Rupp 則拿下銅牌，另一位美國選手——統計學教授華德則拿下第六，美國隊這次平均表現還勝過非洲國家！

何盡平則是從起跑後，兩小時二十五分後才再見到他的身影，喊了聲加油！剛好以第一百名作收。（據賽後媒體訪問報導，他表示因天氣還算適合跑馬，前段大家配速快，不跟又不行，但也因此導致後段掉速，成績不如預期。有經驗的跑者都知道，馬拉松運動比賽臨場表現本就變數很多，不會盡如預期。）

日本選手北島壽典，在奧運選拔賽以業餘選手身分意外拿到代表權，以兩小時二十五分十一秒完賽。

後記

很多人心中可能還是會有疑問，馬拉松比賽何必買票進場，在路邊看不就好嗎？其實也沒甚麼不行，一開始我只是單純想看起跑與衝線，加上現場有大螢幕全程實況轉播；若選擇在比賽路線上觀看，只能看到跑者呼嘯而過，然後就沒了；後來知道有時大會會安排一些具當地特色的表演，讓購票的觀眾可以一邊關心賽況一邊欣賞，加上馬拉松門票之於其他項目的奧運門票是相對好買且便宜，這讓我未來會考慮每屆奧運馬拉松都購票進場觀看，歡迎加入「追著奧運馬拉松看世界」的行列！

Chapter 10

一些有趣的統計數據與觀點

1

關於時間

起跑時間

奧運馬拉松的起跑時間，從前期（一八九六～一九七二）大多在下午開跑（十四點到十六點），中期（一九七六～二〇〇四）多在傍晚出發，除了一九八八年漢城（下午）、一九九六年亞特蘭大（早上）；近期（二〇〇八年至今）則提早到上午，主因奧運大多在北半球的夏季舉辦，而地球氣溫因溫室效應越來越高，為了降低選手在高溫、高強度下奔跑中暑的風險，勢必做些調整；同時也可讓安排在閉幕日進行的男子馬拉松賽事，不至於與閉幕典禮的時間太過接近而影響彼此作業。

比賽日期	起跑時間	比賽日期	起跑時間
1896 年 4 月 10 日	14:00	1964 年 10 月 21	13:00
1900 年 7 月 19 日	14:30	1968 年 10 月 18 或 20 日（？）	15:00
1904 年 8 月 30 日	15:00	1972 年 9 月 10 日	15:00
（1906 年 5 月 1 日）	（15:05）	1976 年 7 月 31 日	17:30
1908 年 7 月 24 日	14:33	1980 年 8 月 1 日	17:15
1912 年 7 月 14 日	13:48	1984 年 8 月 12 日	17:15
1920 年 8 月 22 日	16:12	1988 年 10 月 2 日	14:35
1924 年 7 月 13 日	17:00 （原定 15:00）	1992 年 8 月 9 日	18:30
1928 年 8 月 5 日	15:14	1996 年 8 月 4 日	07:05
1932 年 8 月 7 日	15:30	2000 年 10 月 1 日	16:00
1936 年 8 月 9 日	15:00	2004 年 8 月 29 日	18:00
1948 年 8 月 7 日	15:00	2008 年 8 月 24 日	07:30
1952 年 7 月 27 日	15:25	2012 年 8 月 12 日	11:00
1956 年 12 月 1 日	15:15 （南半球）	2016 年 8 月 21 日	09:30
1960 年 9 月 10 日	17:30 （延後起跑）	2021 年 8 月 8 日	07:00

比賽月份

　　一年十二個月中，僅有六個月份曾經舉辦過奧運馬拉松賽；其中最多次舉辦的月份是八月，共計有十五次，占比超過一半；其次是七月的六次；十月有四次；九月兩次；四月與十二月各一次；其餘月份從沒舉辦過。

四月	1896
七月	1900、1908、1912、1924、1952、1976
八月	1904、1920、1928、1932、1936、1948、1980、1984、1992、1996、2004、2008、2012、2016（南半球）、2021
九月	1960、1972
十月	1964、1968、1988、2000（南半球）
十二月	1956（南半球）

跑到天黑的賽事

　　起跑時間最晚的奧運馬拉松，是在一九九二年巴塞隆納。傍晚六點半才起跑，當第一名以兩小時十三分二十三秒的成績抵達時，已是當地時間晚間八點四十三分，但因是在夏季八月且緯度夠

高，當時天色仍是微亮的。

而奧運馬拉松史上，曾有一場賽事，即便是第一位抵達，天都已經黑了，這在正規的馬拉松賽事上，是很少見的，這場賽事就是赤腳冠軍阿貝貝奪金成名的一九六〇年羅馬奧運馬拉松。該屆比賽日是在九月，起跑時間是下午五點半，終點前賽道除了依靠路燈照明外，部分路段還得動用火把來補強。

紀錄的演進

奧運馬拉松紀錄的演進，得先從四十二點一九五公里的標準馬拉松談起。這個距離源自於一九〇八年的倫敦奧運馬拉松，但被國際田徑協會定義馬拉松標準是在一九二一年；早期的奧運馬拉松距離，是由組織者制定，大約在四十公里上下；雖然一九〇八年奧運馬拉松的距離符合標準，但嚴格說來，第一場奧運標準馬拉松的舉辦應是一九二四年的巴黎奧運，當年的冠軍是芬蘭 Oskar Stenroos，成績為兩小時四十一分二十二點六秒。

但這成績比一九二〇安特衛普奧運馬拉松（距離是比標準馬拉松更長的四十二點七五公里）金牌的完賽成績（兩小時三十二分三十五點八秒）還慢，於是 Oskar Stenroos 從未被官方認定保有奧運馬拉松最佳紀錄。

馬拉松賽事因為在公路進行，不同賽事的賽道狀況不同，於是很長一段時間僅有最佳成績，而無世界紀錄。一直到二〇〇四年

國際田聯才將馬拉松最佳成績也改稱為世界紀錄。

　　至於奧運紀錄的演進，接下來突破紀錄的是一九三二年洛杉磯奧運，來自阿根廷的年青人 Zabala；但只維持一屆，就被代表日本的孫基禎打破；後來受二次大戰影響，一九四〇、一九四四奧運馬拉松停辦，一九四八年恢復舉辦後的成績並不理想，直到一九五二年才由長距離名將──捷克火車頭 Zátopek 突破；再來就是一九六〇羅馬奧運阿貝貝以赤腳出賽打破奧運紀錄，同時也是當時世界最佳成績；相隔一屆一九六四年在東京，阿貝貝再次雙破世界與奧運紀錄，這在近期的奧運會上，大概是很難再出現了（現今奧運舉辦期間的氣候，並不適合馬拉松競賽）。

　　一九七六年東德跑者 Cirepinski，在他奧運馬拉松的初登場上，就破了奧運紀錄拿下金牌，是第一位在奧運跑進兩小時十分的跑者，後來更成為第二位奧運馬拉松連霸者。一九八四年洛杉磯，葡萄牙 Lopes 再將紀錄推進半分鐘來到兩小時九分二十一秒，沒想到這紀錄竟維持了二十四年，直到二〇〇八年才由肯亞 Wanjiru 打破，而且一舉來到兩小時六分三十二秒，直到現在。

紀錄總表

奧運馬拉松大多在夏季進行，受氣溫較高的影響，要創紀錄並不容易。

目前的奧運馬拉松紀錄是在二〇〇八年北京，由肯亞 Samuel Wanjiru 所創的兩小時六分三十二秒；原紀錄則是一九八四年洛杉磯的 Carlos Lopes 兩小時九分二十一秒，相隔了二十四年。

年份	選手名	時間	備註
1976蒙特婁	Waldemar Cierpinski	2:09:55	
1964東京	Abebe Bikika	2:12:11	
1960羅馬	Abebe Bikila	2:15:16	打破奧運與世界紀錄 破世界紀錄一秒
1952赫爾辛基	Emil Zátopek	2:23:03	
1936柏林	孫基禎	2:29:19	
1932洛杉磯	Juan Carlos Zabala	2:31:06	
1924巴黎	Albin Stenroos	2:41:22	1921年定義標準馬拉松 後的首屆奧運會
1920安特衛普	Hannes Kolehmainen	2:32:36	距離超過42.75公里
1912斯德哥爾摩	Ken McArthur	2:36:55	距離不足
1908倫敦	Johnny Hayes	2:55:18	

2

關於地點

路線種類

馬拉松賽事依據起終點的設置，可概分為兩大類：點到點、去回路線。而去回路線，又可再細分為三種「原路折返」、「去回不同路線」、「去—中段繞圈—回」。

波士頓馬拉松是最極端的點到點路線，從西邊 Hopkinton 鎮，往東跑到波士頓，一路不回頭，但也因此不符合 IAAF 國際田聯針對馬拉松路線世界紀錄的兩點承認規定：

- 賽事起點與終點間，兩者的直線距離，不得多於比賽距離的百分之五十；也就是賽道規劃必須要有折返或轉向的設計，不能一路朝同個方向。
- 起點及終點間坡度的減少，不得超過其距離的千分之一（一公里不得超過一公尺）。

第一點規定的考量在於這樣的路線，若比賽日為順風時，選手可能因此全程得利，相較於其他去回或繞圈的賽事會不公平；但有趣的是，最早馬拉松賽事的路線，就是點到點—從馬拉松跑向雅典，並不符合現今馬拉松世界紀錄的認證規則。

二〇一一年 Geoffrey Mutai 曾在波馬賽道以兩小時三分兩秒打破當時的世界紀錄，但因不符規定而沒被承認，IAAF 也認為 Mutai 當天有受到西南順風的幫助。

第二點則是要避免賽道因下坡較多得利的不公平。波馬起點與終點距離約四十二公里，也就是照規定終點海拔不能低於起點四十二公尺以上；但賽道實際下降達一百四十公尺，雖然過程中 Newton 地區有多段起伏難跑的心碎坡，但仍無法改變終點波士頓比起點 Hopkinton 低的事實。

奧運馬拉松賽事，較常見的規劃是起終點都設在開閉幕主場館的去回路線；有的採用原路折返，有的則是繞一個大圈回來；前者交管時間較長，早期的賽會比較有可能如此執行；後者則安排經過該主辦城市一些著名地標，一方面趁機進行城市行銷，一方面也方便民眾觀看。

近期則又發展出另一種去回模式，就是起終點是同一處，但中段規劃一圈約十到十三公里的賽道，選手在重複路線跑三圈（約三十～三十九公里），剩下的部分則由跑出與回到主場館的距離補齊；如此設計，方便民眾可以在定點觀賽（可以看到選手從面前經過三次），選手也因較熟悉賽道而更容易配速。

起終點都不在田徑場的奧運馬拉松

近期的奧運會，會發現一個趨勢，奧運馬拉松的路線，不再

拘泥於將起終點設在開閉幕主場館的田徑場。最早嘗試這樣安排的是一九六〇年的羅馬；但接下來一九六四～二〇〇〇都還是以田徑場作為起終點；二〇〇四年奧運重返雅典，為向歷史致敬，選的路線是從馬拉松起跑，終點設在一八九六年時的舊體育場。二〇〇八年北京則是在主場館鳥巢外之奧林匹克公園區起跑，最後回到鳥巢體育場作收。

但從二〇一二年起，開始將馬拉松路線與當地的著名地景結合，倫敦選在白金漢宮旁的 The Mall 大道當起終點；里約則選了嘉年華會的 Sambadrome 森巴場；日本原在東京舉辦馬拉松的規劃，起終點都設在新國立競技場，但後來因氣候因素改到札幌舉辦，起終點是大通公園。二〇一二、二〇一六、二〇二〇年連三屆的路線規劃，都是採用繞圈的方式（倫敦與里約是同樣一段路線跑3圈；札幌則是採用一大圈十兩小圈）。

冷知識篇

◎ 唯一一次在十二月舉辦的奧運馬拉松賽事——一九五六墨爾本（南半球的夏季）。

◎ 起終點都不在主辦城市內的奧運馬拉松——二〇二一在札幌的東京奧運馬拉松。

◎ 最高海拔的奧運馬拉松——一九六八墨西哥市（高地）海拔二二四〇公尺。

◎ 最長距離的奧運馬拉松賽事——一九二〇安特衛普四十二點七五公里。

3

關於人

蟬連第四名

奧運奪牌是許多運動員夢寐以求的事,與頒獎台擦身而過的第四名,總是令人扼腕同情;沒想到奧運馬拉松史上,竟有兩位悲情的跑者,連續兩屆拿下第四名,一位是日本中山竹通,另一位則是英國的 Jon Brown。

中山竹通在一九八八年奧運會馬拉松賽場上,僅輸第三名吉布地的 Ahmed Salah 六秒;一九九二年更只慢了德國的 Stephan Freigang 兩秒,可說是悲情中的悲情。Jon Brown 則是在二〇〇〇年時慢了七秒錯過站上頒獎台,二〇〇四年則是差了十五秒。

奧運連霸有多難?

史上共有十四次前一屆奧運馬拉松金牌,在四年後挑戰衛冕,成功者只有三人,分別是一九六〇、一九六四的阿貝貝 · 比

奇拉；一九七六、一九八〇的 Waldemar Cierpinski；二〇一六、二〇二〇的埃利烏德·基普喬蓋。其中阿貝貝曾經嘗試挑戰三連霸，但在一九六八墨西哥奧運未能完賽，基普喬蓋若二〇二四年出賽巴黎奧運，將是第二位挑戰三連霸者。（Cierpinsk 在一九八四年因東德抵制洛杉磯奧運未參賽。）

美國 Frank Shorter 與衣索比亞 Mamo Wolde 則都差了一點，衛冕失敗但拿下銀牌與銅牌。

另外還有兩位拿下複數獎牌，一位是比利時 Karel Lismont，一九七二、一九七六年都排在 Frank Shorter 之後，拿下一面銀牌與銅牌；另一位是肯亞 Erick Wainaina，在一九九六、二〇〇〇年獲得銅牌與銀牌。

挑戰奧運馬拉松連霸選手

選手名	參賽年分與名次
Hannes Kolehmainen	1920 第一；1924 未完賽
Juan Carlos Zabala	1932 第一；1936 未完賽
Delfo Cabrera	1948 第一；1952 第六
Emil Zátopek	1952 第一；1956 第六
Alain Mimoun	1956 第一；1960 第三十四
Abebe Bikila	1960 第一；1964 第一；1968 未完賽
Mamo Wolde	1964 未完賽；1968 第一；1972 第三
Frank Shorter	1972 第一；1976 第二
Waldemar Cierpinski	1976 第一；1980 第一
Gelindo Bordin	1988 第一；1992 未完賽
Josia Thugwane	1996 第一；2000 第二十
Stefano Baldini	2000 未完賽；2004 第一；2008 第十二
Stephen Kiprotich	2012 第一；2016 第十四；2020 未完賽
Eliud Kipchoge	2016 第一；2020 第一

連霸國家

國家	連霸年分
美國	1904、1908
芬蘭	1920、1924
衣索比亞	1960、1964、1968
東德	1976、1980
肯亞	2016、2020

奧運馬拉松複數面獎牌得主

	選手姓名	國籍	參賽年分	金牌	銀牌	銅牌	總計
1=	Abebe Bikila	衣索比亞	1960–1964	2	0	0	2
1=	Waldemar Cierpinski	東德	1976-1980	2	0	0	2
1=	Eliud Kipchoge	肯亞	2016–2020	2	0	0	2
3	Frank Shorter	美國	1972–1976	1	1	0	2
4	Mamo Wolde	衣索比亞	1968–1972	1	0	1	2
5=	Karel Lismont	比利時	1972–1976	0	1	1	2
5=	Erick Wainaina	肯亞	1996–2000	0	1	1	2

只有三位現役世界紀錄保持人，參賽奧運時拿到金牌

一九三六孫基禎、一九六四阿貝貝、二○二○基普喬蓋。

最年長與最年輕的奧運馬拉松金牌

年紀最大的奧運馬拉松金牌得主—三十七歲，一九八四洛杉磯奧運的 Carlos Lopes（葡萄牙，一九四七年生）。

年紀最輕的奧運馬拉松金牌得主—二十歲，一九三二洛杉磯奧運的 Juan Carlos Zabala（阿根廷，一九一一年生）。

這兩位最年長與最年輕的奧運馬拉松金牌得主，巧合的都在洛杉磯奧運拿下優勝，且名字都有 Carlos。

若基普喬蓋在二○二四巴黎奧運再拿下馬拉松金牌，將會打破 Carlos Lopes 的年長紀錄，並完成史無前例的三連霸，非常令人期待。

奧運冠軍的身高分布

　　至今二十九屆奧運馬拉松比賽中，共產生二十六位奧運馬拉松冠軍，其身高分布：

身高（公分）	人數
180以上	3
175-179	3
170-174	7
165-169	7
160-164	2
160以下	1
不詳	3

　　多數選手身高落在一六五～一七四公分之間；身高最高的是一九一二斯德哥爾摩奧運 Ken McArthur，他的身高有一八八公分，體重七十七公斤；最袖珍的馬拉松金牌是一九九六亞特蘭大奧運的 Josia Thugwane，他只有一五八公分，體重四十五公斤，兩位剛好都是來自南非的選手。

奧運男子馬拉松冠軍國籍分析

奧運會早期並沒有要求一定要以國家為單位報名參賽，有許多運動員僅是代表他們所屬的俱樂部或本人。此外，有些國家在當時並非實際存在，如澳大利亞、加拿大還沒從大英國協獨立出去；於是查看奧運獎牌榜統計數據時，對於早期選手國籍，可能因定義不同而有所小差異。

奧運馬拉松目前舉辦二十九場，共有十六個國家拿過奧運馬拉松金牌，其中以衣索比亞四面最多，並列第二名是肯亞與美國的三面，法國、南非、義大利、阿根廷、芬蘭、東德等六國則有兩面。

法國本有三面，但一九〇〇巴黎奧運的金牌後來改給了盧森堡。

英國拿下最多的四面銀牌，卻獨缺金牌；美國歷屆僅缺席了一九八〇莫斯科奧運，拿下最多的十面獎牌（三金、二銀、五銅）。

亞洲唯二入榜的是日本與韓國，日本一金二銀二銅（其中一金一銅是一九三六柏林奧運時，由朝鮮孫基禎、南昇龍代表日本拿下）；韓國一金一銀，若執行「校正回歸」後，韓國二金一銀一銅躍居亞洲第一，日本則是二銀一銅。

	國家	金牌	銀牌	銅牌	總計
1	衣索比亞 (ETH)	4	1	3	8
2	肯亞 (KEN)	3	3	2	8
3	美國 (USA)	3	2	5	10
4	法國 (FRA)	2	2	0	4
4	南非 (RSA)	2	2	0	4
6	義大利 (ITA)	2	1	1	4
7	阿根廷 (ARG)	2	1	0	3
8	芬蘭 (FIN)	2	0	3	5
9	東德 (GDR)	2	0	0	2
10	日本 (JPN)	1	2	2	5
11	希臘 (GRE)	1	1	0	2
11	南韓 (KOR)	1	1	0	2
13	捷克斯洛伐克 (TCH)	1	0	0	1
13	盧森堡 (LUX)	1	0	0	1
13	葡萄牙 (POR)	1	0	0	1
13	烏干達 (UGA)	1	0	0	1
17	英國 (GBR)	0	4	1	5
18	摩洛哥 (MAR)	0	2	0	2
18	荷蘭 (NED)	0	2	0	2
20	比利時 (BEL)	0	1	3	4

	國家	金牌	銀牌	銅牌	總計
21	智利 (CHI)	0	1	0	1
21	愛沙尼亞 (EST)	0	1	0	1
21	愛爾蘭 (IRL)	0	1	0	1
21	南斯拉夫 (YUG)	0	1	0	1
25	紐西蘭 (NZL)	0	0	2	2
25	瑞典 (SWE)	0	0	2	2
27	巴西 (BRA)	0	0	1	1
27	吉布地 (DJI)	0	0	1	1
27	德國 (GER)	0	0	1	1
27	匈牙利 (HUN)	0	0	1	1
27	蘇聯 (URS)	0	0	1	1

多次參賽奧運馬拉松的男子選手

次數	姓名	性別	國籍	參賽年分
5	Toni Bernadó	男	安道爾	1996、2000、2004、2008、2012
5	Bat-Ochiryn Ser-Od	男	蒙古	2004、2008、2012、2016、2020
4	Karel Lismont	男	比利時	1972、1976、1980、1984
4	Baikuntha Manandhar	男	尼泊爾	1976、1980、1984、1988
4	Rob de Castella	男	澳洲	1980、1984、1988、1992
4	Ahmed Salah	男	吉布地	1984、1988、1992、1996
4	Steve Moneghetti	男	澳洲	1988、1992、1996、2000
4	Lee Bong-Ju	男	韓國	1996、2000、2004、2008
4	Pavel Loskutov	男	愛沙尼亞	1996、2000、2004、2008
4	Viktor Röthlin	男	瑞士	2000、2004、2008、2012

有超過三十位跑者，出賽奧運馬拉松三次或以上，但能獲得三次前十名完賽者，史上僅有四位跑者做到。

姓名	年分
Sam Ferris	1924（第5名）、1928（第8名）、1932（第2名）
Kenji Kimihara	1964（第8名）、1968（第2名）、1972（第5名）
Karel Lismont	1972（第2名）、1976（第3名）、1980（第9名）、1984（第24名）
Rob De Castella	1980（第10名）、1984（第5名）、1988（第8名）、1992（第26名）

4

關於物

補給站的演進

　　早期馬拉松賽事沒有補給的概念，也還沒發展出補給的規則。一九〇〇年代，那時比賽人數少，大會允許選手安排教練或助手騎腳踏車陪跑，一方面給予鼓勵或戰術指導，另方面也是移動的補給站。

　　一九〇四年聖路易馬拉松，大會只安排一個水站，理由竟是想藉此測試人體處理脫水的極限；選手也曾因飢餓而摘路邊的果子充飢；一九〇八年時期的補給站，還沒有設置在賽道幾公里處的規定；且除了水之外，還會準備紅酒，這可不是紅酒馬拉松，而是那時認為喝紅酒可以解身體的渴，並提振精神完成比賽，不過選手很快就發現不是這麼一回事。

　　目前國際田聯關於補給站的規定，每二點五公里設置一海綿站，每五公里設一水站；選手可準備自己專屬的飲料（當然得符合禁藥規定），交由工作人員放置於有專屬標示的桌上，當選手經過時遞送或自取。

冠軍獎勵

首兩屆的奧運會並未有固定的獎牌制度。

首屆雅典奧運並沒有頒發金牌，第一名頒的是銀製獎牌與橄欖枝花環，第二名是銅製獎牌與月桂花冠，第三名並沒有頒發獎牌。第二屆巴黎奧運，大會向前三名運動員頒發獎杯；第三屆一九〇四年聖路易奧運會，才確立金、銀、銅的獎牌制度。

早期部分競賽項目還有贊助者的特別獎，如第一屆奧運馬拉松，冠軍 Louis 就額外獲得兩個銀杯與一個古董花瓶；其中一個銀杯來自希臘喬治國王，另一個則是由發想舉辦馬拉松賽事的 Bréal 贊助提供。

Breal's Silver Cup 這個馬拉松冠軍銀杯在二〇一二年倫敦的拍賣會上，以五十四萬一千兩百五十英鎊（八十六萬美金）售出，打破奧運相關紀念品拍賣的紀錄。得標者是位於希臘的非營利慈善組織 the Stavros Niarchos Foundation。

5

————

關於事件

不是第一名的衝線者

　　百年奧運馬拉松歷史上，發生過不只一次第一位通過終點線選手卻不是金牌得主的情況。這種烏龍狀況，在現今的賽會管理上幾乎不可能會發生。第一次發生在一九〇四年的聖路易奧運，這屆奧運馬拉松是出名的混亂，首位抵達終點的跑者是 Fred Lorz，他揮手接受群眾歡呼，甚至站上頒獎台，後來才被人發現他是抽筋退賽搭便車回來的；雖然他立刻承認只是想開個玩笑，但理所當然地被取消資格，並禁賽懲罰；不過畢竟他還是位具實力的馬拉松好手，解禁後就拿下一九〇五年波士頓馬拉松賽的冠軍。

　　沒想到才相隔一屆，一九〇八年倫敦奧運馬拉松，第一位跑進到 White City 體育場的義大利選手 Dorando Pietri，他的身心狀態已達極限，在終點前的這段路程，總共倒下再爬起了五次，每次都被圍繞著的現場工作人員鼓勵與催促；最後有工作人員竟忍不住給予協助，支撐他通過終點，明顯違反了比賽規則，因此 Pietri 的獲獎資格也遭到取消。

　　接下來直到一九七二慕尼黑奧運才再出狀況，不過這次算半

個烏龍，因為在衝線前及時發現而被制止。這回主角不是場上的選手，是當時西德十七歲學生 Norbert Sudhaus。他擔任田徑場的工作人員，有預謀地在比賽日當天準備好田徑服，別上七十二號號碼布，假裝自己是選手，在體育場聯外隧道處，抓準時機，溜進賽道跑了起來；當他跑進體育場，全場觀眾為他歡呼鼓譟加油，慶賀他即將拿下馬拉松金牌；就在他繞了大半圈進入直道準備衝線時，真正的領先者 Frank Shorter 正要進場，工作人員驚覺不對，立刻請保全人員將 Sudhaus 帶出跑道，觀眾改噓聲以對；若 Frank Shorter 再晚一點跑進來，這位西德學生大概就能享受到第一位衝線的滿足了。

以上案例，在未來的奧運會上，應該是不大容易再發生了。

一九三〇年起，限制每個國家只能派三位選手

一九三〇年以前的奧運馬拉松賽，並沒有限制一國最多能派幾位選手；像第一屆雅典奧運，地主希臘就有十三位選手參賽。第二屆巴黎奧運，法國則有五人；第三屆聖路易奧運，美國隊更是有十八人出賽。不過一九〇八倫敦、一九一二斯德哥爾摩奧運，就開始限制一個國家最多十二人報名。一戰後的一九二〇年安特衛普奧運，再修正為限四人；但一九二四巴黎又放寬到六人；後來期盼有更多國家、更多元的選手參與，在一九三〇年國際奧會年會上，決議由六人降到三人，這規定也一直沿用至今。

中華民國與中華台北奧運馬拉松參賽紀錄

　　中華民國首位奧運馬拉松參賽者是一九三六柏林奧運的王正林，第二位則是王正林的弟子——一九四八倫敦奧運的聾啞跑者樓文敖。

　　之後開始有兩岸問題：

　　一九五二年赫爾辛基奧運：兩岸同時受邀參與，但中華民國政府認為漢賊不兩立，決定退賽。

　　一九五六年墨爾本奧運：中華民國以 Formosa-China 名稱參賽，中國則退賽。

　　一九六〇年羅馬奧運：爭取以「中華民國」參賽未果，被要求以 Taiwan 名稱參賽，不被當時政府所接受，於是代表團入場時手持白布條抗議，中國未參賽。

　　一九六四年東京奧運、一九六八年墨西哥市奧運：中華民國以 Taiwan 名稱參賽。

　　一九七二年慕尼黑奧運：以 R.O.C（Republic of China）名稱參賽，中國未參賽。

　　一九七六年蒙特婁奧運：因代表團名稱問題，台灣退賽。

　　一九七九年國際奧會藉由「名古屋決議」，要求台灣需以 Chinese Taipei Olympic Committee 為奧會名稱。

　　一九八〇年莫斯科奧運：因會籍暫停未參賽。

　　一九八一年簽署洛桑協議：參與國際型運動賽會，須以「中華台北（Chinese Taipei）」（縮寫 TPE，排序在 T）為參賽名稱，並僅

能使用會旗、會歌。

　　一九八四年洛杉磯奧運，以中華台北（Chinese Taipei）之名重返奧運；一九五二～一九八〇這長達二十八年的爭議期間，都沒有馬拉松選手參賽，直到一九八四年才有陳長明入選。十二年後一九九六亞特蘭大奧運許績勝，二〇〇四雅典、二〇〇八北京奧運吳文騫；二〇一二倫敦奧運張嘉哲；二〇一六里約奧運何盡平。女子選手方面，首位參賽者是二〇〇四雅典奧運許玉芳；二〇一六里約奧運陳宇璿、謝千鶴。

　　隨著世界各國馬拉松選手成績日漸提升，加上每屆奧運選手的總量管制（所有項目選手加起來不超過一萬零五百人），奧運馬拉松的參賽標準，勢必也會更嚴苛，二〇二〇東京奧運，中華台北已無人達標（男子兩小時十一分三十秒；女子兩小時二十九分三十秒；都優於目前的全國紀錄）；巴黎奧運的達標之路，就看是否有人能再突破了。

英國倫敦 Polytechnic Marathon 與美國波士頓馬拉松

　　波士頓馬拉松是世界上歷史最悠久且每年定期定點舉辦的馬拉松（一八九七年起）；而 Polytechnic Marathon 是世界上最早、定期以「標準馬拉松」距離（二十六英里三八五碼）舉辦的馬拉松賽事，從一九〇九年起，直到一九九六年停辦。波馬是在一九二四年

將起跑點從 Ashland 改到 Hopkinton，才符合標準馬拉松的距離。

　　Poly Marathon 的路線，原則上是跟隨一九○八年倫敦奧運馬拉松的途徑（從溫莎堡跑到倫敦），主辦方是 the Polytechnic Harriers 田徑俱樂部，也是當年負責規劃一九○八奧運馬拉松路線的單位。這是歐洲歷史最久且定期舉辦的馬拉松賽事，也經常被歐洲國家當作奧運馬拉松選手的選拔賽；人類史上首度標準馬拉松跑進兩小時二十分，正是在此創下〔一九五三年六月十三日，Jim Peters（英國）—兩小時十八分四十秒〕。這項賽事後來因路線交通管制問題，籌辦困難，逐漸被其他賽事所取代。

Chapter 11

馬拉松的未來進行式

二○二四巴黎奧運的民眾參與

百馬認證、六大馬拉松的甜甜圈[13]獎牌收藏之路，讓跑步變成了一種動態收藏，每跑一場馬拉松，都像是一場獨一無二的作品。

下屆奧運將在二○二四於巴黎舉行，這將是巴黎第三次舉辦奧運會（前兩次為一九○○、一九二四），剛好距離上次辦奧運會一百年，也是繼倫敦之後第二個三次舉辦奧運會的城市。

延續國際奧會這些年的發展主軸，朝兩性平權、年輕世代接軌、Sport for all 全民運動的推展方向，東京奧運才新增的滑板、衝浪、運動攀登屬於年輕世代的項目，在巴黎奧運繼續保留，並增加了霹靂舞；男女混合同場競技的項目（已有田徑4x400m、游泳4x100m、鐵人三項接力、桌球、羽球、射擊、射箭）繼續擴增；而競賽場地結合當地知名景點的部分，巴黎已安排有沙灘排球在艾菲爾鐵塔前的 Champ de Mars 廣場、擊劍與跆拳道在大皇宮 La Grand Palais、滑板 / 霹靂舞 /BMX/3x3 籃球等 Urban Sports 在協和廣場 La Concorde、網球 / 拳擊在法網場地 Roland Garros、衝浪在大溪地 - 法屬玻里尼西亞（離巴黎超遠）。

二○二四巴黎奧運的 LOGO，也將是首次與帕奧共用。

更有趣的，為貫徹 Sports for all 的理念，巴黎奧運的馬拉松賽事將開放民眾參與，同一天、同場地、同路線，跟著菁英選手體驗奧運的氛圍。

報名方式、詳細名額與費用尚未公布，只宣布參賽者將在二

〇二四年初進行抽籤，取得抽籤資格的唯一條件是一必須在指定期間，於 Le Club 巴黎奧運俱樂部網站，累計超過十萬分以上的積分。

讓我們相約在二〇二四巴黎奧運馬拉松的起跑線吧！

---

13 追逐甜甜圈（完成六大馬之紀念獎牌，很大一面，外觀狀似甜甜圈），是許多素人馬拉松跑者想要完成的目標。六大馬分別是波士頓、紐約、柏林、倫敦、芝加哥、東京，每場參賽人數至少兩萬五千人，歷史最悠久的波士頓須達標才能報名，其餘因僧多粥少，以抽籤決定；而倫敦馬拉松這些年發展成以慈善募款名額為主，大會將參賽名額分給慈善團體，這些團體再將名額轉讓給協助該單位募款金額達標的人，藉此協助這些非營利組織。因募款效果顯著，其他五大馬也開始增開慈善名額，讓不想抽籤的跑者，可以有另一個選擇。此外，還有大會與旅行社合作的包套保證名額。

* 巴黎奧運 Le Club 註冊網站
https://club.paris2024.org/home

Epilogue
後記

自二〇二一年八月東京奧運馬拉松開跑前夕，因疫情去不了東京現場，中斷了連續參與四屆奧運的紀錄，於是寫下一篇關於奧運馬拉松的賽前選手介紹文，開啟了這趟奧運馬拉松故事的寫作旅程。

從二〇二〇東京穿越時空到一九六四年東京，然後順著時間軸走，經歷一九六八墨西哥、一九七二慕尼黑、一九七六蒙特婁、一九八〇莫斯科、一九八四洛杉磯；這段時間大約是以兩週一篇的節奏，好奇地去挖掘這些奧運馬拉松的故事，寫成文章，與大家分享。一開始並沒有每屆都要寫的想法，只是後來頭洗了一半，不寫完也可惜，於是才決定跳回一八九六年雅典，一屆屆看下來，更能感受奧運馬拉松的發展與演進。

撰寫文章的素材，來源有三，一是英文版維基百科，一是Youtube 影片，另一是 ebay 上買回的幾本奧運馬拉松賽事相關書籍，在閱讀消化過程中，真是折磨我這個在高中與大學聯考時，英文都是全科目中考得最差的人；幸好靠著 Google 翻譯與多年來對於奧運及馬拉松知識的涉獵，硬著頭皮勉勉強強、盡力地把想分享的人、事、物寫了下來。這過程中，讓我對於「追著奧運看世界」的人生計畫有了更深更廣的想法；之前只是希望能參與未來有生之年的每一場奧運會，現在更擴大到期盼這一生能拜訪完所有曾經辦過奧運的城市。

這些內容初稿就寫了一整年，從二〇二一年八月起，開始在自己的部落格、臉書與 PTT 路跑版、Line 跑團群組分享，沒想到竟被長跑扶輪社創社社長，也是倫敦奧運馬拉松國手張嘉哲，推薦給時報出版，在這書市低谷的時期，與我簽下這本書的合約，看上的是目前市面上的路跑書籍，大多是關於訓練與名人傳記類，但關於運動文化、歷史的書很少見，覺得可以試試看；也因為這份合約，讓我有不得不把它完成的壓力。

感謝時報出版主編阿湯哥的協助與建議，讓我在撰寫階段，就能考量整體、思考呈現方式；謝謝老婆在我趕稿的日子，經常在假日午後泡茶給我喝，看書陪我寫稿；感謝長跑扶輪社社友、跑質跑量跑健康跑班同學、PTT 路跑版版友、台大田徑隊隊友的支持，讓我在初期寫稿階段獲得鼓勵，直到完成這本書。

在寫這本書的過程中，還完成了我另一個馬拉松夢想——波士頓馬拉松，而這場朝聖旅程，恰巧遇上女性參賽波馬五十週年紀念，讓我對於世界馬拉松的發展史，有了更全面的了解。

最後來說說這本書適合誰看呢？

當然每位馬拉松跑者都應該人手一本呀！

現在跑馬拉松的人很多，跑步的理由百百種，但大家究竟是為何而跑呢？

為健康？為減重？為成績？為自我實現？獲得成就感？可以吃更多？藉機到處旅行？

我想以上都有吧！

馬拉松的魅力，就如一九五二奧運長距離三金得主—捷克名將

Emil Zátopek 所說，如果你想跑，可以跑個一英里；但假如你想體驗一個不一樣的人生，就去跑場馬拉松吧！

這場 42.195 公里的熱情與夢想，

Keep going，未完待續！

History 106

42.195公里的夢想追逐
—— 關於奧運馬拉松的熱血故事

作　　　者　　詹鈞智
主　　　編　　湯宗勳
特 約 編 輯　　邱芊樺
美 術 設 計　　劉耘桑
企　　　劃　　鄭家謙

董 事 長　　趙政岷
出 版 者　　時報文化出版企業股份有限公司
　　　　　　108019 台北市和平西路三段 240 號一至七樓
　　　　　　發行專線—（○二）二三○六六八四二
　　　　　　讀者服務專線—○八○○二三一七○五
　　　　　　　　　　　　（○二）二三○四七一○三
　　　　　　讀者服務傳真—（○二）二三○四六八五八
　　　　　　郵撥— 1934-4724 時報文化出版公司
　　　　　　信箱— 10899 台北華江橋郵局第 99 信箱
時報悅讀網　　http://www.readingtimes.com.tw
電 子 郵 箱　　new@readingtimes.com.tw
法 律 顧 問　　理律法律事務所 陳長文律師、李念祖律師
印　　　刷　　勁達印刷有限公司
一 版 一 刷　　二○二二年十一月二十五日
一 版 二 刷　　二○二二年十二月二十三日
定　　　價　　新 台 幣 四 ○ ○ 元

ISBN：978-626-353-116-1
Printed in Taiwan

42.195 公里的夢想追逐：關於奧運馬拉松的熱血故事 /
詹鈞智 著一一版 .-- 臺北市：時報文化 ,2022.11;312
面 ;21*14.8*1.87 公分 .一
(History; 106)

ISBN 978-626-353-116-1(平裝)

1. 奧林匹克運動會 2. 馬拉松賽跑
528.9822   111017355